¿POR QUÉ

MI PERRO

HACE ESO?

¿POR QUÉ MI PERRO HACE ESO?

Caroline Spencer

AGUILAR

AGUILAR

© Caroline Spencer, 2013
Título original: *Why Does My Dog Do That?*
Publicado en inglés por How To Books, de Constable & Robinson Ltd.

De esta edición:
D. R. © Santillana Ediciones Generales, S.A. de C.V., 2014.
Av. Río Mixcoac número 274,
Col. Acacias, México, D.F., C.P. 03240
Teléfono 5420 7530
www.librosaguilar.com/mx
t: @AguilarMexico
f: /aguilarmexico

Primera edición: marzo de 2014
Traducción: Elena Preciado Gutiérrez.

ISBN: 978-607-11-3096-9

Diseño de cubierta: Víctor M. Ortíz Pelayo

Impreso en México

PRISA EDICIONES

Agradecimientos

Gracias a todos los perros que he conocido y querido, y a los que siguen enseñándome tanto.

Gracias a Lesley Harris APDL, por su enorme paciencia. Ella me escuchó, leyó, comentó y me ayudó a hacer excelentes comentarios, fáciles de leer y comprender.

También gracias a Nikki y Giles, de How To Books; Jo Stansall de Constable & Robinson y Jon Davies.

Y por último, gracias a Paul Manktelow, por escribir el prólogo de este libro.

Índice

Prefacio

[LOBO]

Los antepasados del perro actual son los lobos; con ellos comparten casi todo su ADN y por eso tienen comportamientos similares. Pero los perros domésticos han evolucionado para vivir con los humanos, de ahí que sus conductas sean diferentes a las de sus primos salvajes. Por ahora, el comportamiento de los lobos salvajes no nos interesa, aunque tiene un papel importante en nuestro aprendizaje. Si sólo nos enfocáramos en los lobos, sería como estudiar a los chimpancés para entender a los humanos. Tienen parecido pero también hay diferencias, así que es muy útil ver a las dos especies para entender cómo funciona la comunicación y los comportamientos. Por eso es lógico mirar a los lobos para comprender mejor la comunicación y el trabajo en equipo de los perros.

Es interesante tratar de adivinar cómo los lobos evolucionaron poco a poco hasta convertirse en lo que hoy conocemos como perros. Los seres humanos comenzaron a domesticar lobos hace miles de años. Los últimos estudios en Rusia han revelado cómo pudo ser. Usaban al zorro plateado, un animal famoso por su carácter agresivo, y recogían a los cachorros más tranquilos. Después de tres generaciones descubrieron que producían zorros que interactuaban con los humanos. Lo increíble fue que no sólo habían producido un temperamento más amable, sino que ocurrían cambios físicos en el color y en la apariencia general. Por ejemplo, algunos animales tenían orejas caídas. Es casi seguro que esto fue lo que sucedió con los lobos cuando los más listos se dieron cuenta de que tenían una fuente de alimento disponible si se quedaban cerca de las aldeas, con los humanos. Ambas partes de esta sociedad se beneficiaban: los lobos con comida y los humanos con protección y alertas. Después empezaron a trabajar juntos en la cacería. Conforme los cambios en los colores y la forma del cuerpo de los lobos ocurrían de manera natural, los humanos aceleraron las cosas para promover las transformaciones que más les gustaban.

Como resultado, empezaron a aparecer aspectos muy diferentes que dieron lugar a la gran variedad de perros domésticos que tenemos ahora. Así que, en esencia, hay diferentes apariencias y personalidades (de acuerdo con los humanos), pero la estructura del cerebro y las habilidades de comunicación permanecieron iguales.

Dentro de nuestra familia humana tenemos que establecer límites. Lo mismo sucede con las jaurías de perros, recuerden que la palabra "jauría" designa de manera específica una familia de perros o lobos, así como la palabra "manada" describe una familia de leones y otros animales.[1] Si no hubiera reglas, límites, guías o comprensión dentro de todas estas familias, el grupo no funcionaría de forma correcta y, por lo mismo, la supervivencia estaría en peligro. Hay que entender al perro doméstico para tener una mejor comprensión de sus habilidades de comunicación, sus comportamientos sociales y su jerarquía. Pero también ellos deben entendernos a nosotros.

Los perros domésticos tienen la capacidad de comprendernos, incluso más que los chimpancés (que son nuestros parientes más cercanos), pero debemos tener en cuenta que dentro de cada camada hay tantas personalidades como las que encontramos dentro de una familia humana. Con eso trabajamos, con las personalidades indivi-

---

1. En este libro se usará la palabra "manada" todo el tiempo por ser un vocablo más común para los lectores [n. del t.].

duales. Igual que cuando le enseñamos algo a alguien, la facilidad con la que el estudiante aprenda depende bastante de su personalidad e inteligencia. Si el perro piensa que su maestro no está a la altura de la tarea, entonces el aprendizaje será limitado.

Debemos tener presente que el perro sólo es un perro y el humano sólo un humano; los dos tienen que encontrar un nivel aceptable de comprensión que permita al perro adaptarse al comportamiento que esperamos.

Para construir la mejor relación posible entre perro y humano, es esencial evitar comportamientos crueles y el uso de artefactos. Usamos collares y correas porque la ley lo pide, pero es preferible usar un arnés, en especial cuando se trabaja con un perro que ha sido maltratado y las restricciones cerca del cuello, espalda o garganta lo asustan. Todo lo que se necesita es una correa, un collar o un arnés *Happy At Heel* (diseñado y patentado por nosotros), algunos juguetes, premios de comida, cariño, consistencia e imaginación.

No se trata de lo que dices, lo importante es lo que haces… y no sólo lo que haces, sino lo que sientes. Todo empieza en ti. Así que, si tu perro no está entendiendo nada, fíjate primero en tu comportamiento antes de culparlo.

Los principios de *PURE Dog Listeners* no son nada nuevo; es el lenguaje de los canes. Otras personas han escrito su punto de vista y consideré que era mi turno. He pasado bastante tiempo observando perros, leyendo y poniendo a prueba mis teorías y las de otros, en especial la parte de guiar y llamar a tu perro sin recurrir a un entrenamiento de comandos, sobornos o lenguaje verbal y corporal intimidante. Los libros de John Fisher, Desmond Morris y Turid Rugaas fueron de gran inspiración para mí. A través de los años he observado a cientos de personas con sus perros y con sus niños, tratando de resolver por qué algunos son muy buenos y se les ve relajados, mientras otros lucen como pollos espinados, a unos los ignoran y a otros se les enciman o se les cuelgan. Fueron los dueños los que captaron mi atención, y mientras más hablaba con ellos y les preguntaba qué hacían, más me convencía de que más es menos. No hay que molestar, no hay que sobornar y no hay que intimidar, sólo se necesita guiar de una forma gentil y consistente que ellos puedan entender. Cuando un perro hace alguna travesura, no es consciente de ello.

Todavía paso tiempo estudiando perros, tanto de trabajo como mascotas, en corrales, en casas y en ambientes profesionales, pero cuando los llego a conocer, siempre aprendo cosas nuevas.

Así que, como dijo Ignacio Estrada: "Si un niño no puede aprender de la manera en que enseñamos, quizá debemos enseñarle de la manera en que aprende."

Hay varias personas que se dicen entrenadores de perros. Para distinguirme, creé PURE[2], que para mí significa hacer las cosas lo más natural y lo más cercano a la comunicación canina posible. Es decir, aplicar un enfoque holístico a cada aspecto del mundo perruno. Mi objetivo es mantener este grupo pequeño e íntimo para que todos envíen el mismo mensaje con estándares muy altos. Nos conocemos bien y seguimos aprendiendo y discutiendo conforme avanzamos. El grupo PURE no sólo da consultas particulares, también ayuda a instituciones de caridad en beneficio de los perros.

Cuando hablamos de entrenadores de perros "tradicionales", la palabra "tradicional" es un poco engañosa (usamos "tradicional" en el sentido de "siempre hemos hecho las cosas así"). Pero nos estamos comunicando con una especie diferente: los canes, y ellos nunca "han hecho las cosas así". Ellos tienen una manera propia de hacer las cosas que les ha servido muy bien durante cientos de años.

Me gusta pensar que el método de *PURE Dog Listeners* es un entrenamiento básico. En específico, es una guía para el crecimiento, los buenos modales y para lograr que tu perro se ajuste sin estrés a tu vida.

---

2. *Pure* significa puro, sin mezcla, limpio [n. del t.].

Prólogo

Como veterinario, atiendo a una gran variedad de perros: pequeños, grandes, altos, bajos, peludos, sin pelo, entre tantos otros rasgos distintivos de las razas. Toda esta diversidad se vuelve insignificante en comparación con la diversidad de personalidades caninas que existen.

En sólo diez minutos dentro del consultorio con un perro y su dueño podemos recoger una enorme cantidad de información sobre el comportamiento de los dos y, aún más importante, sobre cómo se relacionan entre sí.

Algunos dueños traen a sus amados perros, a los que adoran y llenan de cariños, pero sus mascotas parecen ignorar todo lo que dicen o hacen. En la otra cara de la moneda, tenemos a unos dueños igual de embobados con su mascota, pero de forma tranquila y discreta. Su perro parece obedecer cada orden, confiar en su criterio y observar para ver si el "malévolo veterinario" que se acerca con el termómetro es confiable o no. ¿Cómo es que dos dueños y sus compañeros del alma tienen relaciones tan diferentes?

Desde un punto de vista cien por ciento egoísta, me encanta una mascota obediente, amigable y cooperadora en el consultorio. Desde la perspectiva del dueño, tampoco le veo desventajas. Los perros son nuestros mejores amigos y así deberíamos tratarlos; si lo hacemos de manera correcta, nuestro perro nos devolverá el mismo afecto que le damos. Ahora viene la parte difícil: ¿Cómo hacemos para enseñarles a portarse de esta forma?

El comportamiento canino es uno de los aspectos más difíciles de la práctica veterinaria. Hay incontables libros de texto que nos enseñan cómo realizar las cirugías más complicadas paso a paso, pero algunos veterinarios al enfrentarse a las cuestiones más simples de comportamiento quedan desconcertados. Dueños y veterinarios no tienen de qué preocuparse, cuentan con ayuda a la mano. Si lo que quieres es un perro tranquilo, cariñoso y confiado, que escucha y responde a tus indicaciones porque quiere hacerlo y no porque tiene que hacerlo, debes tener dos cosas vitales. La primera y más importante es fuerza de voluntad, perseverancia (a prueba de todo) y compromiso, así y lograrán su objetivo.

¿Y la segunda? Bueno, ya la tienen resuelta. Tienen este libro en sus manos. Lean y disfruten, tú y tu perro también.

Paul Manktelow

Paul Manktelow tiene una licenciatura en medicina y cirugía veterinaria, maestría en ciencias y es miembro del Real Colegio de Cirujanos Veterinarios.

Introducción

La mayoría de quienes tienen perros no quieren a Lassie, a Rintintín o al Perro Maravilla; quieren a un amigo, un perro que camine bien con la correa, que obedezca cuando lo llamen, que no sea agresivo y se porte bien en general. Un perro que sea bien recibido en donde sea y no te avergüence. En pocas palabras, un perro que se pueda disfrutar.

Este libro te va a ayudar a entender mejor por qué tu perro hace lo que hace y a poner en práctica este método para corregir el comportamiento indeseable. Los perros se comunican con el lenguaje corporal y hay un mensaje en cada cosa que hacen. No son traviesos, tratan de decirte algo, tratan de que hagas algo o sólo están confundidos.

Esto se trata de una amistad, basada en cariño y confianza. Los amigos no se controlan por la fuerza, intimidando, sobornando o forzando las cosas de cualquier otra manera. ¿Por qué habríamos de usar estos métodos para que un perro responda? Yo quiero que mi perro me quiera, no que me tenga miedo, y que los dos nos respetemos mutuamente.

Así pues, no quiero forzar o sobornar a mi perro. Necesito que se relaje y que viva como un ser natural y pensante, que use su cerebro para resolver los cómos, cuándos y dóndes, no que esté esperando a ejecutar una respuesta programada para cada movimiento.

En realidad nunca importa lo que el perro hace, lo más importante es lo que tú haces en respuesta. Y en eso se enfoca el entrenamiento de este libro.

Los perros son animales muy inteligentes y se hará evidente cuán inteligentes son conforme avances en la lectura. Así que exploremos su psique con la mayor profundidad posible, trata de ver el mundo desde su punto de vista.

Para ayudarnos en el camino, aquí tienen una inspiradora perspectiva poética de Lesley Harris:[3]

Soy un perro

Soy un perro, y eso es todo lo que puedo ser,
aunque podría ser mejor si en mi mundo te ubicaras;
pues tú haces ruidos y cosas raras
que yo no puedo entender.
Trato de ser bueno en lo que me toca hacer,
aunque con frecuencia, lo que hago te enoja.
Pero no es para molestarte, deberías saber,
pues eso me causa congoja.
Tu lenguaje es muy variado,
yo sólo tengo ladridos;
y aunque alerto mis sentidos
no comprendo lo indicado.
Y quedo muy resentido
cuando soy recriminado.
Ningún perro es malo al nacer,
sólo amigos quiere tener;
y considera tu deber
tenerlos que proteger.
Mis instintos y sus normas
ya no los puedo cambiar,
quizá debas intentar

---

3. Versión en español por Elena y Francisco Preciado.

usar esas mismas normas
para que yo bien entienda
lo que mi humano encomienda.
Y así poder convivir
en armonía y muy contentos,
sin tener que sufrir
penas o remordimientos.
Necesito se me diga
con las señales correctas
lo que quieres que yo haga
y verás reacciones perfectas.
Por favor aprende a guiarme
para que no me equivoque
y para que no provoque
que tengas que lastimarme.
Y así como amigos buenos
que se atienden amenos
viviremos siempre como uno
en el mundo humano-perruno.

Lesley Harris

La perspectiva perruna: una introducción de Manchas

Hola. Soy Manchas y soy un perro. Sólo eso… un perro. No te diré de qué raza porque entonces esperarás que me comporte de una manera "particular según mi raza". Así que… sólo soy un perro.

Nací en una camada de siete. Tuve tres hermanos y tres hermanas, y nos crió nuestra mamá. Era amorosa y buena madre. Nunca conocimos a nuestro padre (nos dijeron que sólo apareció una noche y que para la mañana siguiente ya se había ido y nunca lo volvimos a ver). Nosotros nacimos sesenta y cuatro días después.

Nos quedamos con nuestra mamá durante ocho semanas y esa fue una temporada muy importante. Ella nos enseñó todo lo que pudo sobre cómo comportarnos y nos inculcó ser considerados con los demás, y no morder fuerte. Mis hermanos y yo jugábamos entre nosotros, nos encimábamos, nos mordíamos y gruñíamos suavecito, así nos divertimos mucho. Si los mordía muy fuerte los demás chillaban y ya no querían jugar conmigo por un rato. No es divertido quedarse solo en el recreo. Y no lo deseo de nuevo.

En ese entonces no sabíamos que tendríamos que separarnos. Pensamos que nos quedaríamos todos juntos. Pero no, creo que mi mamá a los dos meses ya había tenido suficiente de nosotros siete.

A mamá la ayudaba su humana a cuidarnos. La humana alimentaba a mi mamá y, conforme crecíamos, mamá desaparecía un rato de vez en cuando y la humana nos daba comida a nosotros también. Ya habíamos probado esa comida antes (cuando brincábamos y lamíamos los labios de mamá, ella traía un poco de su comida para que nosotros la probáramos). ¡Era tan rica, tan calientita y tan deliciosa!

Probamos la misma táctica con la humana cuando se sentaba en el piso para pasar un rato con nosotros, pero a ella no parecía gustarle que le lamiéramos la cara. Siempre lo intentábamos, saltándole cuando se acercaba, pero no alcanzábamos su cara... estaba demasiado alto, ¡sus piernas son muy largas! Nos decía "¡Bájense!" y luego se agachaba y su cara nos quedaba más cerca, pero de todos modos no traía el desayuno como mamá.

Una mañana todo se empezó a alborotar con muchos humanos que llegaron a mirarnos y señalarnos. Eran de todos tamaños y formas. Mamá nos explicó que se llamaban "hombres" y "mujeres", que sus cachorros se llamaban "hijos" y que los había de dos modelos: niños y niñas. Esto no me gustó nada. Los humanos hacían muchos ruidos raros y escandalosos, y se nos acercaban mucho. Se la pasaban buscándonos la mirada, y eso a los cachorros nos da mucho miedo.

Mi hermano Rex tenía a algunos humanos mirándolo también. Esos eran mucho más considerados y se sentaban cerca de él sin presionarlo. Él podía acercarse a ellos cuando se sentía a gusto. Ellos extendían su brazo para que Rex pudiera olerlos; a él le gustó el olor y, como vio que eran lindos, se les acercó para acurrucarse.

Esos humanos sólo esperaron a que Rex se diera cuenta de que no eran una amenaza. A mí me hubiera gustado que les dijeran a los otros humanos cuál era la mejor manera de comportarse. De pronto, todo terminó. Yo fui separado de mi mamá y de mis hermanos y hermanas. Me llevó un hombre y una mujer con un niño y una niña. Estaba muy asustado. Me llevaron a un lugar lleno de cosas, sonidos y olores nuevos. Estaba nervioso y pronto agregué mi propio olor para que supieran que estaba ahí. Los humanos se enojaron mucho. Me gritaron y me frotaron la nariz en el área que había marcado.

Lloré toda la noche. Extrañaba a mi mamá y a mis hermanos. Ahora estaba solito en un cuarto con una cama muy grande… ¡Una cama grande y vacía!

Los humanos gritan mucho y en general hacen mucho ruido. Parece que es la forma en que se comunican. Han tratado de hacerlo conmigo, pero no entiendo nada y otra vez se enojan mucho. Algunas veces me dan un golpe en la nariz o en el trasero, o me sacuden y luego me cargan y tratan de ser mis amigos. Eso me deja muy confundido, las reglas cambian a cada rato. A veces me dan una galleta de algún plato en la mesa. Eso es lindo, pero cuando yo me sirvo, me gritan.

Se la pasan llamándome por mi nombre, pero cuando respondo, no hacen nada.

"Spot… Spot… Spot… Spot…"

Si pudiera, les diría, "Sí, ya sé cuál es mi nombre. ¿Qué es lo que quieren?" También me he dado cuenta de que pocos de sus sonidos tienen significado, como mi nombre. Ya sé qué significa "siéntate" porque lo dicen muy brusco y me empujan el trasero hacia abajo. Parece que creen que entre más fuerte sea el sonido, más voy a entender.

Sé que no son malas personas y que la mayor parte del tiempo son amables, pero tal vez piensan que debo entender esos ruidos chistosos que hacen. Llevan vidas muy complicadas, pero como ya dije, soy sólo un perro, un animal simple que mientras tenga comida, sepa cómo conseguir más, tenga tiempo para jugar, a alguien que sepa qué hacer cuando las cosas se pongan atemorizantes, y yo tenga muy claro cuál es mi lugar, entonces seré feliz.

Mis humanos me llevaron a un lugar extraño llamado "el veterinario". (Los llamo "mis humanos" porque, aunque son un caos total, me han empezado a caer bien.)

Después de la visita, me sacaron de nuestra guarida por primera vez y, por alguna razón, me amarraron a ellos con una especie de cuerda de mi cuello a su mano.

Al principio no me gustó, pero pronto empecé a disfrutarlo. Yo jalé para ver qué había a la vuelta de la esquina porque percibía un montón de olores increíbles, cuando, "¡bbrrrrrrmmmm!", una cosa rápida y brillante pasó corriendo. Lo bueno es que no nos pegó. Yo le ladré y se alejó disparada. Hice un gran trabajo (un ladrido y salen corriendo).

Había otro perro, bueno, olía a perro; era gigantesco y me ladraba. Yo estaba un poco asustado y traté de esconderme detrás de mis humanos. Me cargaron y me acercaron a saludar al perro. ¿Qué estaban haciendo? Yo estaba petrificado, no lo conozco, podría comerme o lamerme hasta matarme. ¿Por qué no me dejan verlo desde lejos y luego acercarme si me siento cómodo?

Como les dije, soy un perro y vivo una vida muy simple. Soy bueno siendo perro, es mi mejor recurso. Soy malísimo como humano, pero así es como mis humanos quieren que me comporte.

El problema es que no entiendo el mundo, hay montones de cosas y sonidos extraños y atemorizantes cuando salimos de la guarida. Cajas de metal con ruedas grandes y ruidosas que son muy rápidas y se acercan mucho a nosotros. Yo les salto y las correteo para que se alejen, pero me regañan. Les salto entonces a mis humanos para pedirles que me ayuden, para preguntarles qué hacer, pero también me regañan. ¿Cómo se supone que les haga entender que estoy asustado?

Luego vamos a un espacio grande y mis humanos me desamarran. ¡Guau! Qué increíble sensación... soy libre, puedo correr por ahí y divertirme. ¿Qué hay ahí? Es una ardilla. ¡Que empiece el juego! Y salgo corriendo, pronto tendré listo el almuerzo y seré muy popular. Mis humanos están haciendo mucho ruido, en lugar de quedarse tranquilos hacen mucho alboroto cuando deberían estar aquí haciéndome segundas. Mira, ya sé que no es una mana-

da de búfalos, pero de todos modos es difícil atrapar a una ardilla yo solito, en especial si está trepada en un árbol aventándome nueces. En vista de la falta de apoyo, la ardilla se escapó; bueno, a veces pierdes, a veces ganas.

En el camino de regreso a mi manada (que seguían con su escándalo) encontré un conejo muerto, bueno y listo para comer. ¡Eso haré! Si no podemos tener guisado de ardilla, a lo mejor les gusta uno de conejo. Mientras me acercaba con mi trofeo, los humanos se veían enojados y horrorizados. Cuando les acerqué el conejo a su regazo, se mostraron muy ingratos con mi regalo.

Me llevaron a un lugar llamado "Clase de obediencia", que me pareció más bien confuso. Aunque ahora me doy cuenta de que hay algunas clases que son muy buenas, la que me tocó a mí me pareció inútil. Parece que para los humanos es muy importante que sus perros vayan a la plaza cada jueves en la mañana y que caminen en círculos durante una hora en compañía de otros perros antes de regresar a casa. Extrañas criaturas los humanos ¿no? Yo no conocía a ninguno de esos perros, no son de mi manada. Algunos eran muy listos, pero otros son buscapleitos o estaban muy confundidos.

Conforme pasaron los días, empecé a entender más los sonidos que los humanos hacían y traté de hacer las cosas que pedían. Caminaba cerca de ellos, me sentaba cuando me decían e iba a mi cama cuando lo ordenaban. Seguía persiguiendo cosas por ahí (es divertido y me siento libre, aunque me toque un buen regaño cuando regreso). De seguro algún día van a estar contentos con lo que lleve para comer.

Sentí que necesitaban que hiciera más, así que les hago saber cuando tocan a la puerta o si escucho que hay alguien afuera. Les grito para que sepan y ellos gritan también. Les aviso el peligro y ellos vienen en seguida, ¡perfecto!

Ah… no tan perfecto. Ahora ellos me están gritando, así que yo grito más fuerte. ¿Por qué quieren que grite más? No entiendo, estoy muy confundido, pero lo que sé es que me estoy asustando y ellos también. ¿Qué deberíamos hacer todos? No hacen nada. ¿Querrán que yo haga algo? ¿Morder? ¿Huir? ¿Por qué no pueden tomar una decisión clara? ¿Estaré aquí para eso, acaso? No, no esperen que yo tenga las respuestas... por favor.

No me puedo relajar durante el día si no sé qué pasará o qué van a hacer. No puedo comer mi comida en la mañana porque estoy casi al límite. ¿Qué nos deparará este día? Yo los sigo adonde quiera que van en la casa. Odio estar solito y creo que mis humanos también porque siempre necesitan que esté con ellos. Sí, odian estar solitos... estoy seguro.

Me siento cerca y me recargo en ellos cuando estamos en la guarida; parece que les gusta la seguridad de saber que estoy ahí para protegerlos. Ven, sí encajo, pero es un trabajo duro. Siempre tengo que estar alerta, no me tranquilizo hasta tarde, cuando ya están todos en casa y se relajan sentados frente a esa caja extraña que se mueve y saca sonidos raros. Yo la odio y le grito de vez en cuando. No estoy seguro de qué sea, pero ya sabe que si trata de salir con alguna jugarreta, se las tendrá que ver conmigo. Le pegué una vez y mis humanos me pegaron y me gritaron a mí. No lo volveré a hacer, pero de todos modos la odio y debo estar alerta por si acaso.

Cuando ellos duermen, yo puedo dormir también. Pero como todo buen padre, estaré ahí para ellos. Eso es lo que quieren, estoy seguro.

Ahora salimos de paseo con la correa. He aprendido a quedarme a su lado, a menos que, por supuesto, haya algo más emocionante (que siempre lo hay), o que piense que hay algún problema al que debo asustar para que se vaya. Hice eso con un bote de basura la semana pasada, pero no se movió. Me pareció extraño. ¡Tenía rueditas! De todos modos lo mordí cuando pasamos. ¡Eso le enseñará! Pero no los entiendo en lo más mínimo. En todo caso tengo comida, una cama, jugamos y hacemos muchas cosas maravillosas.

Un día cuando salí a mi caminata, encontré a mi hermano Rex. Nos la pasamos muy bien, corriendo y poniéndonos al día de los viejos tiempos. ¿Recuerdan lo diferentes que eran los humanos que se llevaron a Rex de los míos? Bueno, Rex sí que cayó en blandito. Yo amo a mis humanos, pero me vuelven loco con su inconsistencia. De veras lo intentan, pero justo cuando parece que estamos llegando a algo, se vuelven a equivocar. Son buenos y cariñosos… pero están muy confundidos.

Rex me dijo que desde el primer día sus humanos nunca le dijeron que hiciera algo que no entendía; mejor se lo mostraban. No se la pasaban hablándole en un idioma que no entiende, sino que se comunicaban con señas no verbales. "Lenguaje corporal" le llaman los humanos, creo. Como resultado, cuando sus humanos le hablan a Rex, siempre son cosas buenas: "trae", "ven", "buen chico". Así, cuando Rex oye su nombre, su respuesta es: "¿Qué puedo hacer por ti?" En cambio, cuando yo oigo mi nombre, siempre me preocupo un poquito de que no entienda qué quieren de mí.

Parece que el dueño de Rex habló con algo llamado PURE Dog Listeners y ahí obtuvo muchos buenos consejos e información que hicieron la vida mucho más fácil, tanto para él como para Rex. La buena noticia es que seguido nos encontramos en el parque y, mientras Rex y yo jugamos, nuestros humanos platican. El humano de Rex ha empezado a decirle al mío las técnicas que usa y las cosas se ven prometedoras. Cada vez que regresamos de mi hora de juegos con Rex, mi humano parece un poquito más atento. Podría ser que por fin vamos por el mismo camino. ¡Estén al pendiente!

…TRES AÑOS DESPUÉS

Ahora tengo tres años, la vida es bella y todavía veo a mi hermano Rex de vez en cuando; nos la pasamos muy bien. Pero, ¡qué sorpresa!, encontré a mi hermana Spotless durante un paseo por el bosque, mientras jugaba con mi humana. La reconocí de inmediato; se ve igualita a mí ¡pero sin manchas! No es muy femenina y no le hace honor a su nombre, pues casi siempre está llena de lodo.

Ella estaba mucho menos relajada que Rex o que yo, así que una vez que hicimos los saludos correspondientes, un poco de olfateo de trasero y esas cosas, me empezó a contar un poco. Ella fue a una casa cuando todos nos separamos de nuestra mamá, pero al cumplir ocho meses de repente se la llevaron a una jaula y ahí la dejaron. No supo por qué.

Spotless dijo que se había portado bien, ladrando todo el tiempo cuando la gente tocaba a la puerta, ladrándole a los gatos para alejarlos del jardín, incluso había excavado debajo de la cerca para pasar con los vecinos y traer un conejo que estaba en su patio. De hecho, ladrarle a los gatos era divertido, y aunque sí la fastidiaban, al menos eso le daba algo en qué pensar.

Mi hermana ya había salido de paseo, alguna vez persiguió y cazó un conejo, lo cual es bastante difícil porque son muy rápidos. Así que cuando uno llegó a la casa de junto, le pareció que era una comida fácil para la familia y que todos iban a estar muy contentos. Lo triste es que no fue el caso. Todos le gritaron y el vecino, que hasta entonces había estado tranquilo, fue a la casa. ¡Ay Dios! No estaba nada contento. Cuando se fue la volvieron a regañar. Obviamente ya no les caía bien el vecino, pero Spotless no sabía ni por qué.

Dice que les saltaba encima a toda la familia y a los visitantes por igual. Siempre obtenía atención cuando la pedía; a veces estaban de gruñones y otras de buenas... quién sabe por qué. ¡Muy confuso todo! Spotless no confiaba en los extraños y su ansiedad la hacía saltar aún más hasta que un día tuvo suficiente y pellizcó a uno con sus dientes. Entonces su dueño la sujetó contra el piso y le gritó... ella estaba atrapada y muy asustada. Luego hubo otra visita atemorizante que se agachó para pegarle, así que ella gruñó. Pero de todos modos la visita continuaba y extendió su brazo para pegarle. Ella no podía irse, así que le lanzó un pequeño mordisco. Ahora sus dueños no parecían complacidos con eso. Si tan sólo le hubieran dicho a la persona que se detuviera, ella no habría tenido que llegar a los mordiscos. Estaba asustada, ¿qué esperan que haga una chica en esa situación?

Se la llevaron a una jaula y... ¿adivinen quiénes decidieron llevársela a su casa? Unos amigos de los humanos de Rex. Spotless ahora se da cuenta de que todas las cosas que había hecho eran un poco exageradas. Ella estaba tomando decisiones por la familia cuando en realidad no era necesario. Si tan sólo le hubieran mostrado cómo querían que se portara. Eran tan intensos todo el tiempo, que ella no tenía tiempo para pensar y relajarse.

Su humano actual le dio tiempo para tranquilizarse y disfrutar las cosas simples de la vida. Lo bueno es que ahora cuando ladra, su dueño va a la ventana, mira afuera y luego la aparta suavemente del fuerte golpeteo en el cristal y la sujeta con suavidad. Eso le da tiempo de sentir su tranquilidad y le ayuda a entender rápido que a él le gustó que ladrara, luego aceptó con calma que estuviera alterada y le mostró que todo estaba bien. Es genial que alguien la entienda y ella está empezando a relajarse.

Sus paseos solían ser de noche y con la correa (me recuerda el estira y afloja que pasé cuando era cachorro). Ahora está aprendiendo a caminar con el nuevo humano y disfruta que sea bueno y comprensivo porque ella empieza a confiar en él. Si está preocupada, él toma la acción apropiada para mostrarle que todo va bien y que él toma las decisiones en sus vidas. Lo adora, pero más que eso, confía en él y lo respeta.

Fue genial cuando se la llevaron de las jaulas por primera vez. Él sólo la dejó que se acomodara a su ritmo, no la presionó para conocer a muchas personas ni ir a lugares. La dejó pasar algo de tiempo en su nueva casa para que pudiera disfrutar ser perro, conocer a su nuevo humano y saber cómo comportarse en la casa y en el jardín.

Spotless dice que en realidad pudo dormir bastante bien durante el día después de la primera semana y comenzó a relajarse y a disfrutar de ser ella misma. Está bien, todavía se equivoca, pero cuando lo hace, su humano sólo la corrige con suavidad. Ha aprendido a controlar sus saltos emocionados, porque recibe un abrazo si no lo hace, así que en lugar de saltar, se queda atrás y espera con paciencia. Tampoco se altera tan fácil; no siente que haya necesidad de morder, porque su humano siempre está ahí para asegurarse de que nadie la arrincone en una situación que la inquiete.

Bueno, aquí ya le paro. Conforme lean más sobre cómo pensamos y lo que nos gustaría obtener de nuestros humanos, espero que entiendan que todo lo que queremos es ser queridos, comprendidos y, sobre todo, ¡entenderlos a ustedes!

Ah, sí, antes de irme, tengo que contarles algo padrísimo que pasó la semana pasada. Rex y Spotless vinieron a quedarse dos noches. Nos divertimos mucho, tiramos una planta en la sala, pero bueno, Bob, mi humano no se molestó. Simplemente la recogió en nuestra presencia, y no dijo nada... aunque ya sé que cuando no dice nada significa que no está contento. Tendré más cuidado en el futuro... será mejor jugar afuera.

¡La vida es taaaaaaaaaaaan bella!

Comprendiendo a tu perro

Antropomorfismo. Como si los perros fueran humanos

El antropomorfismo es un pecado en la mayoría de los métodos de entrenamiento (y hasta cierto punto es válido). Los perros nunca serán "humanos con abrigo de piel", y no siempre es útil aplicarles nuestras características. Aunque es cierto que ambas especies comparten necesidades fundamentales. Todos los animales necesitan comida; todos necesitan sentirse seguros y a salvo; todos tienen el deseo de procrear; todos protegerán a sus crías con su vida; todos han evolucionado en la forma más apropiada para vivir cómodos en su propio ambiente; todos huirán para sobrevivir... y todos necesitan relajarse y divertirse.

Los niños pequeños muestran estos rasgos a la perfección. Ni los perros ni los bebés conocen los conceptos del bien y del mal, lo bueno y lo malo, lo lindo y lo cruel, lo honesto y lo deshonesto (sólo hacen lo que necesitan hacer para sobrevivir).

Esto lo entendemos en el caso de los niños, los alentamos y les enseñamos con paciencia y de forma apropiada para su edad. No les gritamos órdenes, no los castigamos por no entender, les enseñamos con ejemplos cómo queremos que se comporten, les mostramos cuáles son los límites, les enseñamos lo que se necesita para encajar en el mundo hasta que alcanzan una edad en la que pueden entender lo que se requiere que hagan y empiezan a tomar las decisiones correctas por sí mismos. Ven a sus padres como una fuente de seguridad y aprendizaje. Cuando tengan alguna duda sobre cómo actuar, sabrán que pueden confiar en ellos porque toman buenas decisiones.

Los niños tienen ventajas: primero, son humanos; segundo, tienen la habilidad de entender cualquier lengua —un perro nunca podrá—; y tercero, tienen un cerebro mucho más complejo que puede razonar, entender acciones pasadas, presentes, futuras o acciones planeadas y las consecuencias probables de sus actos. A la edad de tres años, más o menos, los niños empiezan a entender qué se espera de ellos en términos de comportamiento.

Los perros no pueden desarrollar la comprensión de la misma forma, así que debemos adaptar nuestro entrenamiento y crianza para ellos. Son una especie distinta, viviendo en un mundo diferente; son incapaces de entender por qué damos señales que muchas veces son opuestas a las que tienen innatas en su psique canina. Ellos no pueden comprender más que unas pocas palabras de nuestro idioma, así que requieren (igual que los bebés) a un humano que entienda lo que necesitan para sentirse seguros y tranquilos.

Puede ser que los humanos y los perros reaccionen mejor a diferentes enfoques, pero ambos tienen necesidades similares. Si te tomas el tiempo y el esfuerzo de encontrar cuál funciona mejor para tu hijo, haz lo mismo para tu perro.

Los perros son increíblemente adaptables; muy seguido, de alguna manera logran encajar en un mundo que no tiene sentido para ellos, ¡siempre y cuando vivan con humanos amables (aunque ignorantes)! A los que no tienen suerte les pegan por hacer algo mal o les gritan por no entender. Muy seguido la atención se pone en castigarlos por no hacer lo que los humanos quieren, pero nunca se les enseña de verdad, en forma amable y paciente lo que los humanos sí quieren. Muchas veces pueden terminar agresivos, cerrados o hechos un manojo de nervios.

En un ambiente natural o "salvaje", los caninos han evolucionado para sobrevivir con mucho éxito. Tienen un conjunto de reglas que siguen, sobre todo no verbales, usando el lenguaje corporal que todos entienden a la perfección. Han desarrollado una forma de hacer las cosas que les permite vivir perfectamente en su medio ambiente.

Lenguaje y relaciones

Ningún perro se levanta en la mañana y piensa: "Mi misión de hoy es fastidiar a mi humano." No creemos en lo más mínimo que la mayoría de los perros trate de tomar el control, ser el macho alfa o el líder. Son listos y aprenden a entendernos, a manipularnos y a entrenarnos. Hacen preguntas de la única forma que conocen y, si les damos las señales incorrectas, se equivocan sin tener la culpa. Ellos sólo están siendo perros y preguntando cuál es su lugar.

Cómo se comporten los perros depende de nosotros. Si te equivocas, no te preocupes, cámbialo. Cambiando tu comportamiento hacia tu perro, cambiará entonces el comportamiento de tu perro hacia ti y hacia los demás.

Es importante recordar que todos los problemas con tu perro se reducen a un problema de comunicación. Les hablas en un lenguaje que no entienden y viceversa. Aprender el lenguaje del perro para entender lo que pasa por su mente tiene que ser responsabilidad de la parte más adaptable (la que tiene la capacidad de ser dinámica y de pensar de manera lógica). Tienes que ser bilingüe y tu perro también. Entonces habrá armonía y cada uno podrá entender lo que se espera del otro. No sólo se trata de alimentar y pasear a tu perro. Se trata de cómo respondes de manera que tu perro pueda entender. Tienes que mostrarle que respetas sus maneras y sus instintos y trabajar con ellos, no contra ellos, para tener una relación armónica.

Y ésa es la palabra clave: "relación". Al igual que tu relación con otros humanos (amigos o seres queridos), depende de ambos. Necesitas hacer tu contribución a la relación todos los días. Hemos visto lo que pasa cuando uno de los involucrados decide no hacer ese esfuerzo. Y como ya dijimos, no se trata de lo que tu perro hace. Importa más cómo respondes a esas acciones.

El instinto de supervivencia en el mundo humano

Para un perro, todo se trata de la supervivencia, no sólo la suya sino la de toda su familia. Todo se subordina a eso y si ves a tu propia familia verás que ocurre lo mismo. Nada más importa. Todos los caninos toman la misma actitud al respecto, ya sean los corgis de la reina de Inglaterra, los perros de bolsillo de las actrices de Hollywood, los perros callejeros de los vagabundos o el perro de tu casa. Todos están programados por los miles de años de evolución para sobrevivir igual que nosotros.

Casi todos los perros sobrevivirían si los abandonaran en un bosque desconocido; pronto se darían cuenta de que su humano no aparecerá con comida. El perro entraría en modo de supervivencia, cazaría y buscaría comida para sobrevivir. Incluso podría terminar uniéndose a otros perros para formar una manada donde todos se apoyen. Nosotros, como humanos del mundo occidental, batallaríamos; no es fácil vivir sin todos nuestros artefactos y comodidades. Hemos perdido muchas habilidades y dependemos de demasiados "abre-fácil".

El mundo en que vivimos es ajeno a los perros por completo; ellos no entienden de cerraduras en las puertas ni quienes nos rodean, en general, no son una amenaza. En la estructura de nuestras comunidades tendemos a vivir cerca de nuestros vecinos, lo cual puede poner nerviosos a los perros. Como muchos de nuestros perros hoy en día no pueden andar tan libres como hace cincuenta años, muchos se vuelven territoriales. No entramos seguido a las casas de nuestros vecinos, ya que muchos de nosotros en la actualidad ni siquiera los conocemos, así que el mundo de los perros se ha vuelto cada vez más aislado y atemorizante. Los perros no pueden o no son libres de correr y huir de las cosas que les dan miedo cuando lo necesitan, o de tomar las cosas a su propio ritmo. Nosotros los presionamos para ajustarse a nuestra sociedad más que a ningún otro animal que hayamos domesticado.

Esperar que otras especies comprendan el mundo en que vivimos ahora es pedir demasiado; nos toca adaptar nuestras habilidades de comunicación para mostrarles que tenemos el control y están a salvo en nuestras manos, que la protección de la manada o de la familia es nuestra responsabilidad. Nosotros somos los que tomamos las decisiones y mitigamos la presión bajo la que están. Tenemos que enseñarle al perro que también estaremos ahí para guiarlo y él sólo debe seguirnos. Si les damos esta certeza, entonces los perros se relajarán cuando estén a nuestro lado sabiendo que están protegidos y seguros. Nosotros podemos asumir la responsabilidad en las situaciones que no entienden, están asustados o cuando no tienen las habilidades para enfrentarlas de forma aceptable para nuestra sociedad.

PURE Dog Listeners

PURE Dog Listeners ofrece un método para la vida que necesita ser adoptado como un proceso continuo por toda la familia. Sé quien tome las decisiones por tu perro. Recuerda que, igual que un director de orquesta, un padre o un cuidador, nunca tienes un día libre. Siempre eres el que toma las decisiones, el líder, el que pone las reglas del juego y establece los límites. El proceso se volverá automático, como una segunda naturaleza, y posibilitará que un entrenamiento más avanzado ocurra en un ambiente libre de estrés.

A veces cometerás errores, como nos ocurre cuando aprendemos una habilidad nueva. ¿Recuerdas cuando aprendiste a manejar? Si te equivocas en algo, no te reproches muy fuerte ni pienses que es el fin del mundo. Mejor aprende de la experiencia. Si notas que alguien de la familia se está "equivocando", señálaselo pero no caigas en la tentación de que se vuelva una competencia. De igual manera, si te equivocas y alguien te lo señala, trata de no ponerte a la defensiva; toma nota y sigue adelante. El objetivo es tener un perro feliz y bien equilibrado, así que intentemos dejar nuestros egos a un lado durante la práctica.

Espero que sigas este método y tengas una relación en verdad maravillosa con tu perro porque, por primera vez, lo entenderás realmente.

Lenguaje corporal

Sabemos que los perros no hablan. Tal vez ladren, aúllen o hagan ruidos de satisfacción de vez en cuando, pero el fuerte de su comunicación es por medio del lenguaje corporal. Nosotros también nos comunicamos mucho, consciente e inconscientemente, mediante el lenguaje corporal. Si las palabras no coinciden con el lenguaje corporal, entonces la gente no confía en nosotros o no nos cree y notamos estas "señales" por el instinto.

Aunque los perros no hablan, sí tienen la capacidad de entender algunas de nuestras palabras. Y son verdaderos expertos en pescar e interpretar nuestro lenguaje corporal, para bien o para mal. Si le das a tu perro la señal incorrecta sin querer, no te sorprendas si se comporta de una manera que encuentras inaceptable. Tú le dijiste al perro que lo hiciera, o al menos le señalaste que estaba bien hacerlo. Hay que mostrarles cómo queremos que se comporten, cómo pueden encajar. No podemos decirles algo usando palabras o abusando de ellos; no podemos esperar respeto si no los tratamos con respeto o si intentamos dominarlos. Debemos mostrarles lo que es aceptable y lo que no con cariño. Sí, debemos enseñar con el ejemplo. Sé bueno, considerado y paciente con tu perro (y con la gente) y cosecharás la recompensa. Sé abusivo o espera que todas las culturas y las especies aprendan nuestro leguaje y te estarás preparando para una derrota.

Si no quieres fallarle a tu perro, aprende su lenguaje corporal para que entiendas lo que está pensando cuando ocurre un comportamiento indeseable. También es importante distinguir si tu perro está relajado y feliz. Es verdad que mucho de lo que hemos aprendido sobre los perros ha sido a partir de la observación de lobos y otros caninos en situaciones domésticas y salvajes. Pero también podemos observar nuestro propio comportamiento y entender cómo reaccionamos en situaciones similares cuando estamos bajo presión o estresados. La diferencia es que nosotros podemos ser dinámicos si pensamos y razonamos para llegar a una conclusión lógica antes de reaccionar.

Los perros entienden su propio lenguaje corporal. Existen muchas razas por ahí y no todas surgieron de la selección natural; nosotros los hemos reproducido por selección hasta obtener diferentes tamaños y formas. Distintas razas tienden a manifestar diferentes problemas de comportamiento, pero todos se deben a las mismas razones. También es cierto que en cualquier raza, a cualquier edad, se puede presentar cualquier problema de conducta. Los perros quieren saber "¿con quién puedo contar?", "¿estoy a salvo?", "¿esto puede comerme o me lo puedo comer yo?"

El contacto visual es otro elemento esencial del lenguaje corporal que es muy importante entender. En esencia, los caninos no hacen contacto visual unos con otros, sino hasta que quieren interactuar, e incluso entonces no será un contacto prolongado a menos que sea durante un juego o discusión. En mucho, esto se parece a la interacción humana, así que no debería sorprendernos que un contacto visual intenso y sostenido provoque una reacción indeseada, en lugar de prevenirla. Incluí una guía sobre esto en la página 105.

Confianza y respeto

"Siéntate", "quieto", "junto" y "ven" son órdenes importantes en nuestro mundo, pero nunca he visto a un perro que le pida a otro cualquiera de estas cosas. Ellos deben ser instruidos con cuidado sobre los cimientos de la confianza y el respeto.

Los comandos básicos son las habilidades que los humanos necesitamos enseñar para pasar los exámenes de obediencia canina, pero no debes volverte un controlador maniático. No trates de supervisar cada acción en la vida de tu perro. Es importante tener a uno que obedezca órdenes simples, lo cual se logra mediante la cooperación. Para aprender estos ejercicios en cualquier entorno, tu perro necesita elegir un maestro en quien confiar y con el que se sienta a salvo. Con esta persona el perro puede relajarse y aprender, y así se facilita el entendimiento que beneficia a los dos.

Nosotros podemos entender lo que el perro está pensando a partir de sus reacciones. Un perro es un perro al fin y al cabo, así como nosotros somos humanos. También es cierto que algunas razas muestran distintos comportamientos porque los humanos hemos modificado la naturaleza para criar cobradores, pastores, guardianes, cazadores y demás. La lista es interminable. Todos son perros, pero también pueden tener un instinto sobredesarrollado por la intervención de los humanos en la cría de razas. Cuando llegan los momentos cruciales, todos esos comportamientos adicionales quedan relegados y el perro regresa a la pura supervivencia canina. Para entrenar perros de manera eficiente, debemos ver más allá de la raza: la personalidad del perro. Vale la pena recordar que hay perros guardianes tímidos, perros falderos agresivos y todas las combinaciones posibles entre estos extremos.

Las personas reaccionan a las situaciones dependiendo de su personalidad y su crianza. ¿Por qué habrían de ser distintas las otras especies? Debemos dejar que los perros sean sólo eso: perros. Hay que criarlos con cuidado estableciendo límites, con consistencia y con cariño. No hay trucos; es sencillo si tienes la mente abierta al aprendizaje. Así es como solíamos ser con los perros antes de traerlos al interior de nuestras casas, cuando no tenían una tarea específica más que estar ahí para nosotros. En pocas palabras, los hemos "humanizado", están ahí para satisfacernos y para satisfacer nuestras necesidades emocionales… y ahí es cuando todo se arruina.

No digo que no puedas amar a tu perro, o acurrucarte con él, darle besos o tenerlo en tu cama. Las reglas básicas son las que tú estableces. Es tu casa, es tu perro, son tus reglas. La única regla a la que te debes apegar siempre para asegurar una relación armoniosa es que tu perro se adapte a ti y no tú a él. Puedes tener tanta interacción con él como quieras, incluso más de la que crees, porque será en tus términos. En pocas palabras, llamas al perro para que entre en tu espacio. No dejes que el perro decida. El movimiento es poderoso; si le enseñas a tu perro a venir a ti, entonces habrás establecido las reglas sobre quién va a entrenar a quién.

En el caso de los perros de "asistencia", que permiten a las personas tener vidas independientes, ellos sí nos ayudan, pero los recompensamos con "juegos". Estos juegos pueden incluir enseñarles a prender una luz, ayudarle a alguien a vestirse, guiarlos… esas tareas se deben disfrutar y enseñar de forma que los perros puedan ejecutarlas a la perfección. Pero dichos perros también piden tiempos fuera, en los que puedan ser ellos mismos. Como nosotros, también requieren de un buen balance de trabajo y tiempo libre.

Los perros mascota necesitan estimulación (juegos que promuevan el trabajo en equipo, los paseos divertidos) y tiempo para descansar, olfatear y andar por ahí. En esencia, necesitan "tiempo de perros" para ser ellos mismos. Para disfrutar un juego, el perro debe estar relajado, pero algunos no pueden o no quieren jugar. Además de estar viejo, enfermo o herido, la principal razón por la que un perro no juega es que está estresado o demasiado preocupado en cuidarte a ti, a él o al resto de la familia.

Cariño, empatía y ðirección

El método que usamos en este libro está basado en cariño, empatía y dirección. Ofrece un enfoque holístico para formar dueños tranquilos y felices que:

- Sean dinámicos y enseñen al perro a autocontrolarse.
- No sean agresivos y usen sólo los correctivos apropiados.
- No tengan que recurrir a la intimidación, los medicamentos o artefactos crueles.
- Sean capaces de usar los instintos y el lenguaje del perro.

Este método se basa en entender a los perros, su comportamiento natural, sus necesidades de tranquilidad, su consistencia, empatía, paciencia y una actitud mental positiva. Esto sí funcionará si eres dedicado.

El método *PURE Dog Listeners*:

- No forzará a tu perro a hacer tu voluntad.
- No convertirá a los perros en robots.
- No ofrecerá un remedio instantáneo y sin esfuerzo del dueño.

También vale la pena recordar que este enfoque no es una forma de dominar a tu perro, ignorándolo o siendo cruel de ninguna forma. Con esto en mente, siempre debes evitar:

- Jugar con su comida.
- Chasquear los dedos.
- Picarle las costillas.
- Obligarlo a "enfrentar sus miedos".
- Agotarlo para que se duerma.

Ésta es la base de mis enseñanzas y es necesario dejarla muy en claro a los dueños que quieran usar este enfoque para construir una mejor relación con su perro.

Mejorando en cinco pasos: el ciclo de la conducta

El diagrama de los cinco pasos que se muestra abajo es nuestro punto de partida. Verás que todos los problemas de conducta de tu perro entran en alguna o en varias de estas cinco áreas.

LOS CINCO PASOS PARA MEJORAR EL CICLO DE CONDUCTA

Paseos

Comida

Juego

Respuesta

Peligro

Los problemas de comportamiento de los perros surgen de alguna de estas áreas. Resulta interesante que, en muchos casos, si no consideras las cinco áreas, entonces los problemas que hayas resuelto en alguna de ellas puedan asomarse en otra área de forma distinta. Para ser de verdad efectivo, necesitas practicar constantemente con tu perro en casa; es la única manera de comunicarte de forma clara y consistente. Imagina que le hablas en ruso a un mexicano y luego te das cuenta de que habla español, así que le empiezas a hablar en español... luego, unas semanas después empiezas a hablarle otra vez en ruso. Es confuso, ¿no?

También vale la pena recordar que ya estás lidiando con situaciones como alimentarlo, pasearlo, reunirse y jugar. Pero lo importante es cómo lo haces.

Nuestro objetivo es tener:

1. Perros pacientes durante la preparación de la comida, que coman con entusiasmo a horas determinadas y no cuando ellos decidan.
2. Paseos libres de estrés, con y sin correa.
3. Un perro tranquilo cuando lleguemos a casa o cuando tengamos visitas. Es encantador que nos reciban cuando llegamos, pero no que nos asalten.
4. Un perro tranquilo, pacífico, no agresivo, que confíe en que nosotros vamos a resolver las situaciones peligrosas.
5. Un perro que juegue y disfrute estar con nosotros en todas partes.

Con las páginas de este libro alcanzarás los cinco principios para crecer y mejorar. Aprenderás a corregir cualquier problema de conducta y sabrás por qué tu perro hace lo que hace. Si puedes entender el razonamiento detrás de la solución, entonces tú y tu perro tienen más probabilidades de resolver las cosas.

Toma en cuenta que, en algunos casos, la causa del mal comportamiento de tu perro (como la agresividad) podría deberse a un problema médico. Si tienes duda, siempre es recomendable buscar la asesoría de un veterinario.

Es importante darse cuenta de que este método es una forma de vida con tu perro y que se volverá más fácil, como una segunda naturaleza para ti, conforme avances. Igual que aprender cualquier idioma, toma tiempo y compromiso. Las primeras dos o tres semanas siempre son las más difíciles; habrá muchos cambios en el comportamiento de tu perro. Algunos serán buenos, otros sólo diferentes y unos no tan aceptables. Desde mi punto de vista, todos los cambios son "buenos" porque significa que estás logrando algo con tu perro y que está intentando cruzar los límites por algún otro lado. En este punto, necesitas afianzarte en verdad como el que toma las decisiones y mostrarle que su comportamiento no es aceptable y prefieres que se porte de otra manera. Entonces estarás en camino para educar a tu perro, que encaje contigo y con tu mundo.

Es indispensable que cubras los cinco pasos del sistema. Cada mascota vive bajo esos principios básicos (todos, todo el tiempo). Esto asegura la tranquilidad mental y te reforzará como el guía de tu perro en la vida. Esperar el éxito completando sólo una parte del método es como ir a una escuela de manejo y decir que no necesitas aprender a frenar porque serás un conductor cuidadoso. No puedes pasar el examen si te faltan los cimientos esenciales para saber manejar. ¿Qué posibilidades tendrías de aprobar así?

Si tu perro no obtiene atención al hacer algo que ya ha probado, entonces tratará de hacer algo nuevo. Si cedes, entonces pensará: "Ajá, casi me engañas, pero te falló por un poquito." Es muy importante recordar ser paciente, tranquilo y comprensivo. En algunos casos vas a tener que enseñarle muchas veces a tu perro lo que está bien y lo que está mal: no lo aprenderá en cinco segundos. Así que sé paciente, trabaja con tu perro y no esperes demasiado en poco tiempo. Es más fácil si piensas que tienes un "desafío", en vez de un "problema" con tu perro. Así tendrás más probabilidades de éxito.

Esta forma de comunicarse es muy fácil de aprender y pronto serás capaz de interpretar lo que tu perro está haciendo, y por lo tanto, lo que está tratando de decir. La parte difícil es cambiar tus viejos hábitos por unos nuevos. Si eres paciente contigo mismo y con tu perro, verás cómo lo logran.

Los caninos hablan con su lenguaje corporal, y tú también debes hacerlo para entenderlos de verdad. Pero esto no quiere decir que levantes tu mano cuando digas "siéntate" mientras sales por la puerta. Los perros no les dicen a otros perros "siéntate"; les muestran que tienen prioridad mediante su estado físico, como explicaremos después. Si alguna vez has visto a dos perros juntos, habrás observado que uno siempre cruza la puerta primero. No es porque le hayan dicho al otro "siéntate" o "espera", sino porque se han ganado el respeto. Así que, por favor, no uses "siéntate", "espera" o "quieto" para interrumpir una conducta inaceptable, ni recompenses una mala conducta distrayendo a tu perro hacia un premio de comida. La atención y los premios no deben darse a conductas inaceptables. Debes mantenerte tranquilo y ser el guía de tu perro.

2

Alimentación

Si tienes más de un perro, seguro conoces el modo de comer de cada uno: uno puede alejarse mientras empiezan los demás, otro puede devorar su comida y lanzarse sobre la de sus compañeros. También puede haber peleas. Unos perros comen al mismo tiempo sin molestarse: se relajan y saben que no hay necesidad de empujar ni de robar comida. En todos estos casos, los perros te dicen cómo se sienten, cómo se relacionan y quiénes son respetuosos. Todo se trata de calma y control.

Puede suceder que hayas dejado unos premios para tus perros antes de salir a la calle, te das cuenta de que se los comieron hasta que regresaste. ¿Te has preguntado por qué algunos perros sólo comen en la tarde y no en la mañana? ¿O por qué algunos reciben los premios de comida y otros no los aceptan? La mayoría de las veces, esta conducta se debe al estrés y a la ansiedad, y a cómo se acomodan a su ambiente. A menos, claro, que esté enfermo, pero esto puedes notarlo porque de la noche a la mañana cambia su conducta.

Si tu perro come bien, significa que está muy bien adaptado a tu casa. Comer "bien" significa que come los alimentos cuando tú los ofreces y recibe los premios sin importar dónde estés. Aun si tu perro come bien, es importante comprender los asuntos alrededor de su alimentación, y que cada elemento influye en los otros.

Buenos hábitos de alimentación

Nosotros usamos la comida para premiar las conductas buenas. Recuerda que si no dejas de darle "el premio" poco a poco, ¡entonces se convierte en un soborno! Tu perro ya no te dejará salir a la calle si no llevas un costal de premios: no hará nada a menos que le des lo que quiere...

En estado salvaje, el estómago canino está diseñado para digerir grandes cantidades de comida de una sola vez. Así, son capaces de aguantar días sin comer ni perder habilidad. De hecho, los perros salvajes están muy bien cuando tienen el estómago vacío. En la actualidad, los perros comen en diferentes cantidades y frecuencias gracias a los tipos de comida que les damos. Si acostumbras alimentar a tu perro sólo una vez al día, puedes dividir en dos su ración para mostrar tu dominio sobre su comida de una forma gentil.

Trata de no ser muy rígido con las horas de comer o conseguirás que tu perro pida comida justo un minuto después del momento en que le toca. Así no interrumpirá tus actividades. El cambio no tiene que ser grande; a veces basta con una ligera modificación de la rutina. Si le das de comer a tu perro cuando te levantas, puedes probar ir antes a la cocina, tomar un poco de agua y prepararte un pan tostado. Luego le das de comer. Recuerda que los perros son muy buenos descifrando las rutinas. Si sueles darle tres vueltas al café antes de alimentarlo, pedirá su comida en el momento en que terminas la última vuelta, ya que pensará que eso es lo que sigue en la cadena.

Cuando tu familia come, el perro no debe de involucrarse de ningún modo. Pero cuando lo alimentes es crucial que entienda que lo haces como una cortesía hacia él y debe ser paciente. Cualquier miembro de la familia puede ayudar a servirle la comida, así se dará cuenta de quiénes tienen el control en los horarios de comida.

Control sobre la comida

Prepara la comida de tu perro y deja que él observe. Cuando esté lista, tú tendrás "control sobre la comida". Con algún otro miembro de tu familia, pueden tomar ustedes algún refrigerio y comerlo sin mantener contacto visual con tu perro. Esto muestra que su comida no es un asunto importante, pero tampoco es un desafío. Debes hacerlo tan natural como puedas. No seas tan dramático: "Mmmmmm... ¡Esta galleta es la mejor que he comido en mi vida!"

También es importante que no se juegue con la comida. Actúa como si estuvieras cocinando y sólo quieres probar cómo quedó la comida. Tan pronto como hayas terminado con tu bocado, coloca la comida de tu perro sobre el piso (a veces puedes cambiar el lugar para evitar ser predecible), luego aléjate unos pasos y voltéate sin decir nada. Cuando te volteas estás indicando que tu perro puede comenzar a comer y puede hacerlo sin que lo vean. Si lo observas, puede interpretarlo como un desafío, es decir, pensará que quieres la comida.

Mantener el control

No hay necesidad de lograr que se siente; un perro paciente obtiene la comida cuando estás listo. Una vez que se la hayas dado, no intentes alejarla o podrías ser mordido. Es confuso que le des algo y luego se lo quites.

Mantente dentro de la habitación mientras come para ver qué hace pero sin molestarlo. De seguro sólo hará una de las cuatro cosas siguientes:

1. Irá directo a su plato y lo comerá todo (es decir, ¡se lo zampará!). Esto es lo ideal. De nuevo, esta conducta proviene de su instinto. Si hubiera peligro, podría huir con comida en su panza. Así aumenta su posibilidad de sobrevivir. Los perros están diseñados para tomar su comida y devorarla, no para contemplarla.

2. Puede ver su comida y alejarse como si dijera: "No me doy por enterado." El mensaje que transmite es: "Déjala ahí. Cuando quiera comerla lo haré, porque yo soy el importante y sé que tú no la tocarás." Si hay otro perro en la casa esto no es una opción.

3. Puede ir a su plato a comer un par de bocados y alejarse. Esta opción es muy similar a la segunda. Quiere su plato lleno como un símbolo de categoría, pero tiene hambre y se contenta con un poco de comida.

4. Otra opción es que tu perro tome la comida del plato, la arroje al suelo frente a los humanos y luego coma del piso mientras intenta hacer contacto visual. También puede tomar un poco y esconderla para comerla después.

Si tu perro se comporta diferente a la primera opción, entonces debes recoger su plato tan pronto como lo abandone y deshacerte de la comida que no se terminó. No debes alimentarlo otra vez hasta la siguiente hora de comer (esto incluye los premios). ¿Va a tener hambre? Sí. ¿Va a morir? No. ¿Va a aprender una lección valiosa? Sí. Incluso si comió como en la primera opción, cuando acabe también debes recoger su plato, limpiarlo y ponerlo fuera de su vista. Incluso un plato vacío puede utilizarse como símbolo de categoría. Tu perro podría pensar: "Ahí es donde entrené a mis humanos para poner la comida." Es común ver perros gruñendo y cuidando platos vacíos. Por supuesto que el agua siempre debe estar disponible.

Si tu perro intenta ayudar a lavar los trastes, suplica o roba comida de la mesa, entonces aléjalo (ésta es tu comida y de nadie más). No digas nada y él comprenderá el mensaje. El problema es que si verbalizas tus sentimientos cuando estás tratando de corregirlo, lo seguirá haciendo toda la vida. Si no dices nada, el mensaje es que no tienes interés y, por mucho que trate, no ganará tu atención haciendo cosas que desapruebas.

Recuerda que si te alejas de tu comida en la mesa, en términos caninos, estarás diciendo que ya terminaste. Entonces no te enojes; trata de ser comprensivo y sólo aléjalo si es que se acercó. No le hables, no mantengas contacto visual y no muestres emociones.

Creo que no es necesario que tu perro se siente o haga cualquier otro truco para que lo alimentes. Debe ser una actividad libre de presiones. Esta forma de control es muy humana. Para observar qué impacto tiene esto en nosotros, intenta este simple ejercicio con algún conocido. Invítalo a sentarse a comer, sírvele un vaso de vino y trae un platillo delicioso. Colócalo con cuidado enfrente de él, espera a que levante los cubiertos y, justo cuando intenten tomar comida, di "¡Espera!" con una voz muy firme. Mantenlo esperando unos treinta segundos y luego dale permiso para comer.

Si quieres aumentar su expectativa, puedes quitar la comida por completo cuando llevan la mitad. ¿Esto hará que te respete?

El sistema de control sobre la comida

- Tú debes comer antes y controlar los horarios de comida.
- No incorpores la alimentación de tu perro con tus comidas en la mesa de la cocina. Esto provocará que suplique por más.
- Prepara la comida de tu perro y la tuya, y tú come un bocado antes (por ejemplo, una galleta). Luego coloca la comida de tu perro sobre el suelo. No digas nada.
- Voltéate y aléjate, pero quédate en la habitación. Si te vas, de seguro tu perro te seguirá curioso.
- Sigue estas reglas por un par de semanas. Este método es muy útil para solucionar conductas desafiantes.

Agresividad al comer y control avanzado de la alimentación

Algunos son agresivos cuando comen o tienen problemas serios con su alimentación. Puede tratarse de perros rescatados que antes tenían que pelear por cada bocado o eran molestados con la comida. Tal vez nunca sepas la razón para actuar de esta manera. Cualquiera que fuese, no importa. Puedes mejorar su comportamiento desde ahora. El método del control de la comida descrito antes te ayudará a resolver casi todos los problemas de alimentación. Si no te funciona el "Plan A", tenemos un "Plan B". Es muy raro que se tenga que usar la siguiente técnica, pero cuando se utiliza es muy efectiva.

Dale la misma cantidad de comida que siempre, pero sepárala en tres platos. Como en un control de la comida normal, come una galleta o un bocado de tu comida antes de colocar en el suelo el primer plato. Sólo come antes del primero. Coloca en el piso el plato, aléjate un poco y luego voltéate (así evitarás desafiarlo).

Tan pronto como termine, pon en el suelo el segundo pero un poco alejado y retírate de nuevo. Recoge el primer plato. Cuando lo haya vaciado, dale el tercero en el lugar donde pusiste el primero. No le des importancia a esto; mantente en calma. Con este método, le puedes mostrar que tú comes primero y tienes poder sobre su comida. El mensaje para tu perro es "ahora que ya he comido, es tu turno. Aquí hay un poco de comida… y un poco más… y un poco más. No tienes que portarte mal por la comida porque te daré suficiente. Puedo cuidarte y puedes confiar en que yo te alimentaré." Con esto le quitarás el estrés a tu perro, le mostrarás que te preocupas y le darás la comida necesaria. No hay razón para que se ponga agresivo. Además harás que tu perro se mueva de un plato al otro y reforzarás tu mensaje mediante el lenguaje corporal, el cual tiene mucha autoridad. El movimiento es una herramienta poderosa.

Cómo detener el sistema de control sobre la comida

Piensa en un niño al que le enseñan a decir "por favor" o "gracias". Cada vez que les dan algo, el adulto requiere que le diga lo que corresponde y, si lo hace bien, el adulto lo felicita. Una vez que ha aprendido que los buenos modales son apropiados, el adulto puede terminar con su requerimiento. Es probable que llegue un día en que le den algo y no conteste "gracias". Entonces deben recordarle diciendo algo así como "¿Cómo se dice?", es seguro que esto será suficiente para restaurar la buena conducta.

A tu perro le estás enseñando que hay reglas. Con la comida, le estarás mostrando que tienes completo control sobre ella. Al principio, utiliza el método del control de la comida (las primeras dos o tres semanas después de adquirir un perro). Él también obtendrá información de las otras cuatro áreas principales de conducta y tu posición se fortalecerá con cada señal.

Una vez que haya comenzado a responder y a respetar las decisiones de su dueño, aceptará que tienes el poder sobre la comida. Así que si decides que un día no quieres una galleta antes de alimentar a tu perro es cosa tuya. El resto del proceso de alimentación se mantiene igual (sin hablar y sin contacto visual, bajas el plato, te alejas, él termina su comida y le retiras el plato).

El beneficio de detener el método de control de la comida por un tiempo corto es que lo tienes como reserva. Si por alguna razón se interrumpe, puede continuarse cuando sea necesario, por ejemplo, en una semana. Esto se añade al refuerzo de las otras cuatro áreas. Es la versión canina del "¿Cómo se dice?" El perro recordará las reglas y regresará a sus buenos modales.

Si es necesario utilizar el control avanzado de comida, sólo debe utilizarse hasta que el perro comprenda el mensaje. Después remplázalo por el método de control normal.

Huesos

Alimentar a tu perro con los huesos correctos es una muy buena manera de darle los nutrientes esenciales para mejorar su dieta. Masticar huesos limpia sus dientes y provee nutrientes naturales muy valiosos. El hueso de falda es el preferido entre los criadores partidarios de una dieta natural. Contiene una gran cantidad de elementos benéficos. No debes usar los huesos para distraer a tu perro de una mala conducta o para tranquilizarlo; úsalos en la comida. Se comen rápido y no tienes que cuidarlo.

Existen muchos libros que promueven las dietas naturales y enseñan cuáles huesos son los mejores para tu perro. Como afirmó la doctora Clare Middle, recuerda que los huesos cocinados son peligrosos porque pueden astillarse y no se digieren.

Muchos estudios han mostrado que, en los humanos, masticar aumenta el flujo sanguíneo al cerebro, ayuda a reducir la ansiedad y disminuye la depresión mediante la producción de endorfinas. Lo mismo le pasa a los demás mamíferos, en especial a los que desarrollan máquinas de masticar tan grandes. Permíteles usar esta herramienta y sacar todos los beneficios.

Para que mastique por largo tiempo, las astas de ciervo están llenas de minerales y calcio. Tienen el beneficio de que no se astillan. Recuerda remover el asta cuando sea muy pequeña como para que se la coma. Las pezuñas de vaca son otro platillo delicioso, pero es mejor que las mastiquen fuera de la casa porque huelen muy feo. El gran beneficio de estos huesos es que son completamente naturales.

Estos huesos tienden a durar largo tiempo, así que recuerda quitárselo cuando el perro se aleje. Ofréceselo en otra ocasión. Como con toda la comida, haz que haga algo para ganarse este premio. Puede ser que venga cuando lo llames, por ejemplo.

Ten cuidado si tu perro mira a otro o a ti mientras mastica su hueso en vez de relajarse y disfrutarlo. Si toma tal actitud, entonces está buscando problemas, envía un mensaje muy claro: "Esto es mío... ¡Que ni se te ocurra quererlo!" Sólo aléjate; no le des oportunidad de ser visto o de enojarse. Con un perro como éste, sería buena idea resolver los problemas de alimentación y abstenerse de darle un premio así.

- Ten cuidado porque algunos perros mastican mucho. Esto puede mostrar ansiedad.
- Como con todo, dale huesos con moderación.
- Quítale el hueso cuando el perro lo deje o puede convertirse en algo para ser resguardado.
- Si tu perro es posesivo con la comida, no es bueno que le des un hueso que dure mucho. Dale algo rápido y fácil (como un hueso de falda). Será mucho mejor y muy nutritivo.
- La comida es un recurso y tú debes tener control sobre ella. Si los perros toman el control, pueden surgir muchos problemas. Además de agresivos, pueden estar malnutridos por comer de más o menos.

Es importante recordar que no hay almuerzos gratis. No le des premios a tu perro sin razón alguna. Deben ganárselos. Si, por ejemplo, lo llamas de un extremo al otro de una habitación, puedes premiarlo. Se lo ganó: respondió como tú querías y debes dejarle claro que te hace feliz que vaya cuando lo llamas. El llamado (el acto de llamar a tu perro) comienza en casa, dentro de tu ambiente. Si no le enseñas ahí, no funcionará fuera, durante sus paseos.

3

Lidiando con el peligro

Es muy importante el modo en que lidiamos con el peligro, incluso si no sabemos por qué tu perro ladra, se enoja o asusta por algo. No sirve si lo castigas ni tampoco si lo reconfortas. Tienes que ser dinámico y hacer algo para mostrarle que estás calmado y no hay de qué preocuparse.

Cuando un perro es amenazado, asustado o molestado, no llama a su abogado... gruñe, muerde, se acobarda o huye, es natural, a menos que le hayas mostrado con tus acciones que puede confiar en que tomarás las decisiones correctas. Además, deben ser capaces de comprenderlas. Alguien debe alertar a la familia; esto siempre lo hace tu perro. Recuerda que sus sentidos del oído y del olfato son mucho más poderosos que los nuestros. No castigues a tu perro; mejor hazle caso, toma el liderazgo y las decisiones correctas.

Si tienes más de un perro, notarás que, si uno de ellos ladra, los otros lo apoyan; uno pelea y los otros lo respaldan. Si uno corre, los otros también. Debes ser el líder de estas conductas y tus perros deben seguirte. Los perros no soportan a los tontos: si tomas decisiones incorrectas, tu calidad como protector disminuirá muchísimo.

En una manada, una vez alertados ante la posible amenaza, el líder decide la mejor estrategia para mantener a todos a salvo. Su decisión estará basada en una de las tres C: corre, congélate o combate. Hay debate en torno al orden en que se presentan estas alternativas, pero muchos están de acuerdo en que el combate es la última. La experiencia dice que las otras dos son intercambiables dependiendo de las circunstancias. "Correr" no significa huir con pánico y sin control. Se usa cuando el líder decide que el lugar donde está la manada está a punto de ser peligroso y será mejor estar en otro lado. Entonces, el perro guiará a los demás en la dirección que escoja. No habrá discusiones o desacuerdos del resto de la manada.

Una gran diferencia entre nosotros y los caninos salvajes es que no se acongojan por sus posesiones. Cuando dejan un lugar por otro, sólo dejan tierra. Una vez que el peligro se haya ido pueden regresar y continuar con sus actividades cotidianas.

"Congélate" se relaciona con muchas cosas, desde un "eso es peligroso pero no hay manera de moverse sin ser notados. Que nadie mueva un dedo..." hasta "eso no tiene nada que ver con nosotros, no se metan..." O bien puede ser: "No vienen hacia nosotros. No hay peligro, pero no los pierdan de vista y avísenme de cualquier cambio si tengo que modificar mi decisión."

El "Combate" se explica por sí mismo y rara vez se usa en estado natural. Las jaurías tienen sus territorios bien definidos y casi no se meten en territorio ajeno. Evitarán cualquier confrontación innecesaria.

Dentro de un entorno doméstico, las peleas entre perros son mucho más comunes. Los humanos viven muy cerca entre ellos y, a menos que tengas mucha suerte, no habrá un área grande exclusiva para tu perro. Solucionamos este problema construyendo parques y teniendo áreas comunes. Cuando llevas a tu perro al parque, se confundirá. ¿Es su territorio, es del perro vecino o es de la multitud de perros que comparten este espacio? Bajo estas circunstancias es difícil que no se confunda. Es un error en términos de lenguaje corporal o de contacto visual y tu perro perderá el control. Por esto es importante una socialización frecuente y de calidad con los otros perros en los lugares adecuados.

Tienes que ser tú quien decida lo que llevará al mejor resultado. Tu perro respetará tus decisiones y a ti. En todas las circunstancias, buscará tu liderazgo. No debes defraudarlo. El primer lugar donde se desarrolla el liderazgo de manera regular es en tu casa.

Ladrando en la casa

Cuando una persona toca la puerta, quiere hablar con alguien en la casa. En esencia, habrá dos tipos de visitantes: los que pasarán y los que sólo estarán un rato en la puerta. No sabes qué tipo de visitante es hasta que abras la puerta.

El timbre... ¡es un peligro potencial! Imagina que tu perro ladra o trata de guiarte hacia otro lado. Es muy común que la respuesta del humano sea: "¡Cállate!" Sin embargo, tu perro casi no habla el español... Entonces, cuando el perro nota que nuestra respuesta al peligro que se acerca a la guarida es gritar, le estamos comunicando que tenemos miedo y él debe encargarse de alejar la amenaza, o que estamos ladrando para apoyarlo. Entonces se siente más confiado mientras ladra a la puerta: "¡Hay dos de nosotros aquí dentro, será mejor que te vayas cuanto antes!" Es tu responsabilidad estimar el nivel de peligro, no la del perro.

Recuerda cuando eras un niñito y jugabas con tu mamá en el parque. Si alguien se acercaba, no podías lidiar con el peligro. Entonces le avisabas a tu mamá: "Hay alguien cerca." Es poco probable que su respuesta fuera gritar o decirte que te callaras.

Usa el mismo razonamiento con tu perro. Te ha avisado de un peligro potencial; agradécele con calma y luego lidia con el visitante. Dile "gracias" o alguna otra palabra que escojas, pero no la cambies. Esto se convierte en un sonido muy útil que tu perro reconocerá en muchos tipos de situaciones dentro y fuera de tu casa. Lo interpretará como: "Estoy lidiando con él... Todo está bajo control."

También es una buena idea no permitir que tu perro salude a los visitantes en la puerta ni que te siga cuando acompañas a la gente para salir. Si lo llevas a otra habitación o área, le estarás recordando que estás ahí para él y que no necesitas apoyo: tú puedes solo.

Si el visitante va a entrar, explícale la regla de no hablarle y de no tener contacto visual con tu perro. Deben caminar hacia dentro sin rodeos y concentrarse en ti. Recuérdales que, aunque tu perro es adorable, ellos han venido a visitarte. Explícales que sólo podrán interactuar con tu perro después de unos minutos (una vez que haya mostrado sus buenos modales). Tú les dirás a tus visitas cuándo es apropiado llamar a tu perro.

Si estás lidiando con el visitante en la puerta, trata de hacer que la plática sea corta. Una vez que se haya ido, permite que tu perro se acerque a la puerta para que pueda olfatear por ahí. Te verá calmado y con el control de la situación después del encuentro con el visitante. Le habrás mostrado que puedes enfrentar las cosas sin un guardaespaldas permanente.

Esto te dará control completo. Tu perro se acostumbrará a la rutina de ladrar, recibir las gracias y trasladarse a otra habitación sin más problema. Podrás con cualquier situación. Si tu visitante teme a los perros, no tendrás que preocuparte de contener a tu perro. Siempre tendrás el control. Si es un niño y no confías en que su comportamiento será el más adecuado, no hay problema porque, de nuevo, tendrás la situación bajo control. Tu pulso cardiaco se mantendrá lento y el de tu perro también.

Tal vez te gustaría tener una correa home line y un arnés Happy At Heel, diseñado y patentado por *PURE Dog Listeners*. Si quieres verlo en acción entra a www.puredoglisteners.com o a Youtube. Guía con suavidad a tu perro para que voltee hacia ti, así estarás confiado y en calma porque podrás alejarlo sin esfuerzo y sin drama. No es difícil.

Una correa home line es muy larga, sin vueltas ni nudos, para que no se enrede en tus piernas o las patas de tu perro. Puedes utilizarla con facilidad cuando lo necesites, manteniendo todo en orden.

Si tu perro se sale de la habitación que está lejos de las visitas muy estresado y ladrando, camina con él de regreso a la habitación sin hablarle, sin emociones y sin contacto visual. Quédate un momento mientras le bloqueas la vista del visitante. Luego puedes continuar con tu conversación.

Cuando tu perro esté tranquilo, camina en silencio fuera de la habitación y llévalo contigo a rodear el área antes de tomar asiento. Esto lo concentrará en ti: tu calma le quitará la ansiedad. Si ladra, entonces camina con calma y en silencio alrededor de la habitación. Tal vez tu perro necesite que le bloquees la visión con una puerta.

Después de la caminata guiada, cuando entre a la habitación, mantente en su trayectoria hacia el visitante. Así podrás tranquilizarlo con otro paseo si se estresa otra vez.

Repite esto tantas veces como sea necesario; cuanto más reactivo sea tu perro, más veces tendrás que hacerlo. Al final, se tranquilizará y entonces podrás dejar que tu visitante lo llame (a menos que estés lidiando con una actitud agresiva). Recuerda que puede ser mucho pedir que tu perro vaya con un extraño para que lo apapache. Por ello, si no acude al llamado, déjalo y no lo obligues.

Recuerda que si tu visitante le hace caso al perro con contacto visual o cosas parecidas, reaccionará. Pídele al visitante que siga las reglas y que te ayude haciendo como si tu perro no estuviera en la casa. Es difícil, pero necesario.

Es tu perro, son tus reglas y es tu casa. Sé fuerte.

Ten cuidado con los visitantes "expertos en perros" que no siguen tus instrucciones (el tipo que se acerca al perro e invade su espacio, a pesar de todos los signos de disgusto y luego se sorprende si el perro lo muerde). Si el visitante se rehúsa a cooperar, será mejor mantenerlos alejados. Si le pides a alguien que no les dé dulces a tus niños porque están en tratamiento dental, muy pocas personas les entregarían una bolsa de dulces diciendo: "No le hagas caso a tus papás y cómetelos." Pero a muchas personas no les importa e interactúan con los perros aunque los dueños les digan que no. Es muy común que quienes ignoran tus reglas sean los primeros en quejarse si los muerden.

Ladrando en el jardín

Si los perros están en el jardín y ladran a algo, incluso si no sabes a qué (pueden oler y escuchar mucho mejor que los humanos), recuerda darles las gracias de manera firme y amigable. Como antes, esta palabra es la clave para hacerte cargo de la situación y tomes las decisiones sobre qué hacer cuando tu perro esté ansioso.

En el jardín, dale las gracias a tu perro y camina con él a otra área bloqueando su mirada. Luego, déjalo cuando esté tranquilo.

Con algunos perros, tendrás que volver a casa al principio y agradecerles para calmarlos. Alejarse de las cosas que los perros encuentran peligrosas es lo que debes hacer. Lo mismo pasa con nosotros. Podemos pensar que nuestros vecinos no son un problema, pero el perro no sabe eso. Debes enseñarle a tu perro de una manera que él entienda. Escúchalo y actúa. Sólo debes reconocer su preocupación y tranquilizarlo. Recuerda que si lo apapachas, entonces lo estarás premiando por estar estresado. Haz lo que está escrito más arriba y tu perro comprenderá muy bien lo que quieres.

Ladrando durante el paseo

Tú, el máximo líder, debes ser quien decida usar la huida, detenerse o atacar. Si ves o escuchas algo que puede asustar o molestar a tu perro, sólo desvíate de la ruta sin ningún drama y vendrá contigo. Será situación resuelta antes de convertirse en un problema.

Si tu perro nota algo antes que tú, di "gracias" tan pronto como te des cuenta de sus indicaciones y aléjate como lo harías en casa. Usando la palabra clave y el tono correcto le dirás a tu perro "me estoy haciendo cargo de la situación, no hay problema."

Esto puede ser tan simple como cruzar la calle para evitar una confrontación, alejarte porque alguien viene, o tal vez no necesites ninguna acción. Le dirás a tu perro: "Gracias, pero ya me ocupé de la amenaza." Si tu perro indica que está asustado porque se acobarda o se encoge, no lo obligues a enfrentar sus miedos. Sólo aléjate.

Mientras progresas con este régimen de evitar las "amenazas", te darás cuenta de que cada vez tendrás que desviarte menos de tu camino. Y tu perro te consultará cuando se sienta ansioso. No camines hablando por teléfono e ignores las indicaciones de tu perro. Debes dar el paseo con él: interactuando y disfrutando su compañía. Así, él disfrutará la tuya. Si se divierte, se concentrará en ti y no se ocupará de las cosas que pueden pasar a su alrededor. Si en verdad están disfrutando el paseo, seguro todo irá bien.

Puntos importantes para lidiar con el peligro

- Cuando un visitante llegue, tu perro puede ladrar, mirar hacia fuera por la ventana o caminar hacia la puerta. Está realizando un gran trabajo, pero éste es el momento para que tomes las riendas.
- Reconoce que tu perro está señalando una posible amenaza de manera firme y amistosa. Puedes decir "Gracias" o "Bananas", no importa mientras siempre utilices la misma palabra y el mismo tono. Atrae su atención.
- Llévalo con calma hacia otra habitación, como la cocina. Lo estarás colocando lejos de las visitas y mostrarás que es tu trabajo lidiar con ellas.
- Si tu perro está muy molesto y sigue ladrando mucho cuando tus visitantes entran, pide al visitante que se siente en otra habitación.
- Ve a la habitación en la que está tu perro. Sostenlo

con una correa hasta que esté tranquilo y luego camina con él hacia donde está tu visitante. Tú debes llevar a tu perro, no él a ti.

- Si tu perro está callado, ¡qué bien! No digas nada, no hagas drama. Si está callado y es gentil, los dos se quedan donde llegaron.
- Si se exalta mucho con los visitantes, aléjalo.
- Si olfatea y es gentil, déjalo.
- Si el perro salta, corre o ladra, agárralo y con calma da una vuelta sin decirle nada, ni verlo y sin emociones. Entre tanto, puedes platicar con tus visitas. Si sigue enojado, bloquea su mirada llevándolo detrás de una pared. Cuando esté calmado, regrésalo contigo.
- Si sabes por adelantado que tu perro se estresará, ponle la correa como preparación. Así no habrá contacto ni malentendidos con el visitante. También te mantiene a ti en calma.
- En el jardín o en las ventanas, agradece a tu perro, llámalo y llévalo a otra parte. Sostenlo o cierra la puerta con calma. Tú viste lo que pasaba, decidiste que no hay peligro y seguiste con tu vida. No hay problema.
- Si estás en un paseo y tu perro nota algo, entonces toma la opción de la huida. Aléjate despacio. Sólo cambia la dirección antes de que tu perro se encoja. Toma la decisión correcta antes de que pueda reaccionar. ¡Tu perro quedará impresionado!

4

Agresividad

Hay muy pocos perros agresivos por naturaleza: lo más común es que tomen esta actitud por su ambiente o experiencias. Las conductas agresivas no salen de la nada. Las señales se pueden acumular poco a poco durante varios meses. Cuando el perro siente que tuvo suficiente, explota. Siempre debes recordar que la mordida de un perro puede causar heridas serias, desde contusiones, cortaduras, desgarres y, en casos serios, hasta huesos rotos o algo peor.

Y no te dejes llevar por un falso sentido de la seguridad. Cualquier perro, sin importar su tamaño, si se malcría, puede pasar de ser un angelito amistoso a ser un terrible diablo.

La agresividad que causa daños serios y derramamiento de sangre en jaurías de perros o de lobos es muy rara. Sólo se mostrará a un visitante indeseado para asegurar la seguridad y la supervivencia.

La agresividad en perros es más común en la actualidad. Algunos estudios muestran que la mitad de los perros tendrán un encuentro agresivo en su vida de una forma u otra. Tenemos muchos perros en las calles y la mayoría piensa que deben defender a su familia, y lo harán con su única arma: los dientes. Si lo piensas, es natural no ser bienvenido cuando no eres parte de la familia.

En nuestro mundo con nuestros perros domésticos, es muy importante enseñarles a tener autocontrol y crear límites en su comportamiento. Necesitan ser tratados como perros (no como humanos) o terminarás con muchos problemas conductuales, siendo la agresividad el peor de ellos.

Cualquier raza y cualquier personalidad puede tornarse agresiva, pero nosotros provocamos que esto suceda, ya sea con una pobre socialización, poca relación con otros perros, o malas experiencias con humanos. Los perros pueden hacerse agresivos en contra de lo que sea a causa del miedo. Pueden temer perder lo que quieren y lo que necesitan, o por su seguridad.

Como con los niños, según tu personalidad es lo que obtienes. Debes criarlos de manera correcta y tan positivamente como puedas. Si muestran malas conductas, entonces puedes ayudar a modificarlas para que sean aceptados donde vayan.

Te cuidado con esto:

- Si molestas a un perro o lo confrontas mirándolo directo a los ojos, entonces se pondrá temeroso y reaccionará.
- Hay peligro de que un perro se torne agresivo si es despertado de un sueño profundo. Si quieres abrazarlo, llámalo a tu espacio. No se sentirá amenazado. Si el perro viene hacia ti y se siente incómodo con el encuentro, entonces se alejará.
- Nunca beses o pongas tu cara cerca de un perro extraño, incluso si conoces bien al dueño. El perro no te conoce. Lo tomará como una confrontación y atacará. Es común observar a las personas acercarse a un perro y abrazarlo a pesar de las claras señales que manda de incomodidad. Muchas de las posibles víctimas tienen suerte de que la mayoría de los perros aguantan una gran cantidad de conductas humanas extrañas e insensibles.

Lidiando con la agresividad

Los perros tienen miedo de las posibles amenazas, sin importar si nosotros las consideramos verdaderas o no.

No intentes mostrar que no hay peligro, sino responder a la indicación de amenaza. Si gritas "¡Cállate!", sólo agregarás leña al fuego.

¿Quién decide qué es el "peligro"? Si comprendemos mal, entonces el perro decidirá. Debes cambiar de lugar con tu perro y mostrarle que tú tomarás las decisiones correctas. No al revés.

Algunos dueños dicen: "Pero mi perro me gruñe a mí, no a otras personas." Éste es sólo tu perro poniéndote en tu lugar; es miembro preocupado de la familia regañándote. "Si haces esto, saldrás lastimado...", o "no te sientes ahí, ése es mi lugar...", o "¿quién eres para decirme qué hacer?", o "aléjate de mi comida." Es la misma actitud que tú tienes con un niño para advertirle sobre cosas que no debe hacer. Pero los perros no pueden hablar, sólo muestran sus pensamientos y sus sentimientos por medios físicos y gruñidos.

Nosotros debemos enseñarles: "¡No puedes empujarme, amigo!" El modo correcto de hacerlo es con firmeza y amistad. No te pelees con tu perro porque terminarás peor que él. No puedes exigir sumisión, tienes que actuar como un adulto y, sobre todo, mantenerte a salvo.

Nunca es bueno hacer que tu perro se someta apretándolo contra el suelo. Podrías estar preparando un desastre. Dale la información correcta para que se someta de manera natural. La razón debe ser tu conducta y no el uso de la fuerza.

Si te han aconsejado castrar a tu perro para ayudarte a controlar su agresividad, ve a la página 212 y considera todas las opciones con cuidado. ¡Es común que la causa esté en la cabeza, no en otro lado!

Agresividad hacia la gente

Algunos perros son agresivos sólo con los hombres, unos sólo con las mujeres y otros sólo con los niños. Otros son agresivos con todos. Si un perro se hace sobreprotector de ti, entonces será agresivo con todos los que se te acerquen.

La ayuda profesional siempre debe buscarse cuando se trata de corregir su conducta. Sería tonto querer dar aquí una receta, pues cada perro es distinto y se debe actuar de acuerdo con sus fortalezas y sus debilidades. Esto es cierto en todos los problemas de conducta, pero equivocarse en este aspecto podría tener consecuencias graves. Los métodos de corrección varían dependiendo de las personalidades y capacidades del perro y del dueño. Mantente a ti y a otros a salvo y asegúrate de obtener la opinión del veterinario antes de comenzar con el trabajo correctivo.

Agresividad al comer

Para asegurar que los perros no se vuelvan agresivos por la comida, muchos dueños piensan que deben alejar el plato mientras el perro come. Bueno, cualquier amante del chocolate diría que si le das un chocolate y luego decides quitárselo, seguramente iniciarás una pelea. Podrían molestarse... luego enojarse... y después ser agresivos. "¿Me lo diste y ahora lo quieres de regreso? ¿Puedes decidirte?" Dependiendo de tu personalidad, puedes hacer alguna de las siguientes dos cosas: dásela para llevarla tranquila o pelea por ella.

No provoques errores en ti. Si le das algo, sólo haz eso: dáselo. Mantén las cosas claras y evita las señales confusas. No molestes al perro y, sobre todo, no con la comida. Si lo haces, te estarás metiendo con sus instintos de supervivencia. Además, lee de nuevo la sección de control de la comida (página 57). Te ayudará a reforzar los puntos clave.

Agresividad hacia la correa

Tu perro puede ser fantástico sin la correa mientras está en el parque. Juega con otros perros y personas. Pero cuando se la pones... ¿se vuelve agresivo?

Desde la perspectiva del perro, cuando no tiene la correa es libre de correr a donde quiera y cuando quiera, incluso si siente que las cosas no están bien o si se siente amenazado. Si está usando la correa, entonces ha perdido la opción de la huida. Las restantes son detenerse y atacar. No puede alejarse, así que lo único que queda es enfrentar las amenazas, mostrar agresividad y prepararse para la pelea. Algunos perros ladran pero no muerden, y pueden gastar mucho tiempo ladrando de manera feroz. Éste también es un perro tomando una decisión diciendo: "¡Mantente fuera de mi espacio o ya verás!" Incluso si el perro siempre se ha alejado, un día puede sentir que no tiene otra opción más que morder.

Si tu perro tiene la confianza de que tú tomarás la decisión correcta, cuando vea peligro estará feliz de estar a tu lado y apoyarte en detenerse, en huir o en atacar. Nosotros nunca elegiremos la opción de atacar, pero siempre tomaremos la opción que hará a tu perro sentirse seguro en tus manos. Escogerá seguir tu liderazgo:

- Si huyes antes de que tu perro reaccione, sólo estarás cambiando la dirección de la caminata.
- Si huyes cuando está pensando en preocuparse, alejas eso de su mente y la diriges hacia ti, mostrándole que no hay ningún problema.
- Si tu perro reacciona con ladridos y embestidas y te volteas, estás mostrando que no es necesario que haga eso, que es mejor evadir y mantenerse seguros. Recuerda: siempre felicítalo y recompénsalo. ¡Listo! ¡Misión cumplida!

Los perros reaccionan cuando están estresados o ante una posición de autoridad. Tenemos la capacidad de ser dinámicos y mostrarles que estamos tranquilos y somos buenos en tomar decisiones cuando todo parece incierto en su mundo.

Aléjate y tu perro tendrá que seguirte –trae puesta la correa– y no digas nada más que un "ven" o "gracias". No jales de la correa, porque se volverá el centro de atención y te verá como el instigador de la pelea, como un seguidor ansioso. Sé de los fuertes y callados que evitan los enfrentamientos. Felicita a tu perro cuando regrese rápido, él te agradecerá por tomar una buena decisión. En el capítulo 6. Paseando a tu perro (página 97), se discute en detalle el uso de títeres; podrías utilizar esta táctica cuando busques evitar una confrontación. Ningún perro quiere pelear de verdad, dale chance de alejarse y será feliz.

Agresividad entre manadas

Seguido me llegan llamadas de dueños cuyos perros están peleando entre ellos. Lo curioso es que sucede cuando entran en el cuarto y no cuando están los perros solos y todos juntos. Si esto sólo ocurre cuando los dueños están presentes, es una indicación de "discusiones" sobre jerarquía y debates sobre quién está al cuidado de la familia cuando están juntos. Ambos perros piensan que son los apropiados para el trabajo y literalmente pelean por él. Ahora, si el puesto de líder ya está tomado por el humano, entonces estas discusiones no serán necesarias.

Otra variación de este escenario es cuando hay un "abusador en la manada" y los ataques parecen surgir de la nada. Puede ser sólo un gruñido, una mirada, una mordida o un ataque completo (la intimidación se usa para mantener a todos en su sitio). La agresividad puede aparecer a la hora de alimentarlos, o al pasar por umbrales angostos, cuando uno tiene un juguete, llegan visitas o durante el paseo, si es que están unidos a la misma correa y hay algo adelante que los preocupe.

A veces un perro que se echa en la cama o debajo de la mesa le gruñirá a otro cuando pase por ahí. El significado es claro: "¡Éste es mi espacio! No te acerques a menos que te invite. Yo soy el jefe."

¿Notas el patrón aquí? Los cinco pasos (página 47) son el tema recurrente a lo largo del libro, y son muy obvios: se disparan en los momentos de peligro, de comer, de posesión de trofeos, de quién pasa por la puerta primero y de quién es el líder cuando la manada se reúne.

Cómo evitar que te muerda

Si andas en la calle, no vayas a acariciar a cualquier perro que te encuentres. Siempre pide permiso al dueño y respeta su decisión. Si dicen que no, significa que el perro es gruñón, o bien, que es tímido o nervioso.

Cuando entres al espacio de tu perro, él puede percibirte como una amenaza. Claro que la mayoría de los perros son amigables y el único peligro es que tu cara quede llena de pelos y babas. Pero si el perro no está seguro de tus intenciones, va a reaccionar con una de las tres C que describimos en el capítulo 3: "Lidiando con el peligro", corre, congélate o combate.

Cuando entran en modo "corre", si un perro puede huir incluso al rincón del jardín o a otro cuarto, será feliz. Bajo ninguna circunstancia te acerques o intentes calmarlo. Si restringes su capacidad para huir, podrías dejarlo sin más recursos que combatir.

En "congélate", si un perro no quiere interactuar porque tiene miedo o es tímido, puede elegir quedarse muy quieto y voltear la cabeza a otro lado en un esfuerzo por calmar la situación. Si trae puesta la correa, sólo le queda esta opción o la siguiente: morder. En general, si ignoras al perro, con gusto te regresará el favor. Puede que primero corra, luego se detenga y evalúe la situación, antes de seguir huyendo o relajarse aceptando que no hay ninguna amenaza.

Reaccionará en modo "combate" si los dos primeros métodos han fallado, si tiene miedo y está atrapado por la correa o si protege su territorio. La mayor parte de la agresividad nace del miedo. Hay muy pocos perros naturalmente agresivos.

Puntos importantes para evitar que te muerda

- No te acerques a un perro que no es tuyo. Pregunta al dueño si lo puedes llamar para acariciarlo, no lo veas a los ojos y no agites tus brazos alrededor del perro. Trátalo con amabilidad y respeta su espacio personal.

- Si necesitas visitar un lugar donde sospechas que hay un perro suelto, evalúa la situación antes de entrar. Si estás preocupado, quédate en el lado exterior de la puerta. Haz contacto con los ocupantes llamándolos o marcándoles por teléfono. Pídeles que sujeten al perro o que salgan por ti a la puerta.

- Si entras a la propiedad y luego se te acerca el perro, quédate quieto con los brazos pegados a tus costados, sin hablar y sin hacer contacto visual. Una vez que te haya dado un vistazo y te sientas confiado de moverte, hazlo, pero suave y tranquilamente. Camina con seguridad, no eres una amenaza.

- Si una vez adentro no estás cómodo con la situación, aléjate despacio sin hacer hablar ni hacer contacto visual.

- Recuerda que te tardas lo mismo en pensar que en entrar en pánico.

- Lo ideal sería que todos los dueños tuvieran o pudieran tomar el control del perro, pero no todos notan que no cualquiera adora a su perro como ellos lo hacen. También puede ser que estén en la feliz ignorancia de las consecuencias potenciales si su perro se pone agresivo. Cuántas veces no hemos oído, "está bien... sólo está jugando." Así que, ¿entonces está bien? Hay quienes no se preocupan incluso después de que su perro haya mordido a alguien. Sus dos frases favoritas son: "sólo fue una mordidita..." o "es tu culpa... de seguro lo alteraste." Como puedes ver, no siempre puedes confiar en que el dueño hará lo correcto, así que necesitas estar al pendiente de tu propia seguridad en esos casos.

- Si parece probable que uno te vaya a morder, trata de darle al perro un blanco, en general, morderá cualquier cosa que empujes hacia él, un portapapeles, portafolio o cualquier cosa que pueda ser su blanco en lugar de ti, servirá. Si puede arrebatártelo, ese objeto se convertirá en su trofeo, y podrás alejarte.

- Si lo peor sucede, entonces trata de mantenerte sobre tus pies. Si te tira, abrázate haciéndote bolita con tus manos cubriendo tus orejas y quédate inmóvil. Trata de no gritar o rodar.

Para evitar que una situación difícil empeore, de ninguna manera:

- Le grites al perro.
- Muestres agresividad.
- Grites o corras.
- Te interpongas entre un perro y su dueño.
- Invadas el espacio personal del perro.
- Te acerques mucho a una perra y sus cachorros.

Lo más importante es que nunca ignores las señales que un perro te está dando. La mayoría de los perros no quieren morderte, pero si sienten que tienen que hacerlo, lo harán. Los perros no son personajes de Disney; un perro sólo sabe cómo ser perro. Si entendemos eso y los respetamos, por lo general tendremos una salida segura.

5

Mantenerse tranquilo

Sujetarlo con calma

Cuando entras en estado de pánico, ¿puedes pensar de forma clara y lógica? Claro que no. Para lograr avances siempre debemos comenzar y terminar con un perro y un humano tranquilos y pensando.

Para lidiar con una reacción nerviosa, un comportamiento obsesivo o para darle tiempo al perro de pensar y moderar su comportamiento, puedes recurrir a sujetarlo con calma:

- Toma al perro del collar, tráelo a tu lado y pon la palma de tu mano en sus hombros con suavidad. Calma-palma-sin hablar. Sin contacto visual y sin emociones.
- Al principio, es posible que el perro siga temblando, intente corretear su cola o tenga algún otro comportamiento indeseable.
- Conforme el perro se dé cuenta de que tú estás relajado y de que tu frecuencia cardiaca es baja, empezará a preguntarse, "¿por qué estoy haciendo esto?"
- Poco a poco el perro irá relajándose y tú podrás soltarlo. De nuevo, no hagas contacto visual y no hables. Debes estar listo para repetirlo si es necesario.
- Si tu perro batalla con esto, entonces no lo sujetes por mucho tiempo. Dale la oportunidad de cami-

nar por ahí un poco más y cuando pase cerca, vuelve a intentarlo.

• Tener una correa larga te ayudará a guiarlo hacia ti sin desastres.

Todo esto funciona bastante bien con los que se persiguen la cola, tienden a montar, jadean o los estresados que buscan apoyo en ti cuando hay fuegos artificiales. Si tú les das apoyo, los estás ayudando. Si los apapachas con palmaditas y voces tiernas, es más seguro que el problema empeore.

Entre más recurras a esta estrategia, menos tiempo tardará tu perro en relajarse. Tarda lo que tarda, cada perro es diferente. Cuando estés lidiando con un problema que va a durar un tiempo, como una noche de feria con cohetes, es útil tener un montón de revistas a la mano y sentarse en el suelo mientras las hojeas. Esto es más cómodo para ti por si tienes que sujetar a tu perro por periodos largos. A algunos perros les resulta mejor si los sujetas sobre tus piernas. En este caso, si está temblando a tus pies o en el sofá, sólo puedes poner tus piernas suavemente sobre él. El perro sentirá tu tranquilidad y seguirá tu ejemplo.

Es bueno tener música clásica de fondo. Se ha probado que esto calma a los perros (a mí me tranquiliza). Otra cosa que me gusta es el aroma a lavanda flotando en el aire. Esto ayuda, pero no olvides que lo más importante es lo que tú haces. Una cobijita también ayuda en estos casos, pero no dependas sólo de estos extras.

Sujetarlos con calma es mala idea para los perros que no les gusta el contacto, que no se acercan a las manos o no han tenido mucho contacto con humanos. En estos casos es mejor recurrir a un paseo tranquilo; éste es un buen recurso fuera de casa o para apaciguar a un perro cuando llega gente y está reaccionando mucho.

El paseo tranquilo

Éste es un buen método para hacerlo tanto fuera de casa como dentro, porque cuando sujetas a un perro estresado, le estás diciendo que se detenga, y puede ser que piense que quedarse como estatua es una idea rara cuando parece que la mejor idea sería huir. Así que los pasos sencillos para lograr un paseo tranquilo son:

- Pasear al perro sin emociones, sin hablarle y sin contacto visual. Esto regresa su atención a ti y evita que se distraiga. Le estás enseñando que tú eres el líder y el perro te seguirá. Le estás diciendo "confía en mí... mírame... aquí estoy para ti."
- También ayuda bloquear la vista del perro después de haber caminado, usando un coche o un árbol, por ejemplo, para que cualquier distracción quede fuera de su vista. Aquí lo detienes con calma, lo cual puede ser más fácil si dejas un poco de tensión en la correa más que si sujetas su cuello con tu mano.
- No bloquees nada más su vista con tu cuerpo cuando otro perro pase por ahí. Es muy probable que tu perro reaccione y se pregunte qué carambas estás tratando de lograr poniéndote como carne de cañón.

Igual que en el capítulo 3. Lidiando con el peligro (página 65), necesitas mostrarle a tu perro que puede confiar en ti para tomar la acción correcta cuando lo necesite, incluso si no tienes ni idea de por qué está estresado. Si haces lo correcto para él, aprenderá a confiar en ti contra viento y marea.

Siguiendo estos sencillos pasos, tu perro no necesitará ser agresivo, encogerse en una esquinita o saltarse una cerca. Podrá mirarte tranquilo, feliz y sacar fortaleza de tu actitud.

Estará feliz sabiendo que no necesita preocuparse de nada, puede divertirse. Se relajará tanto en casa como fuera. Los perros que reaccionan mucho pueden tardar en cambiar su mentalidad, pero sé persistente y recuerda incluir cada uno de los cinco elementos.

6

Paseando a tu perro

Para un perro, el paseo es parte importante del día, es un momento que se disfruta en conjunto. Debería ser divertido. El paseo abarca dos partes. 1) Caminar con la correa; lo ideal sería un paseo suave en el que tú eres el líder relajado y sonriente y tu perro va al lado para que lo orientes. 2) Sin la correa. Tu perro debe ser un maestro en regresar cuando lo llames. Aquí es esencial tener una llamada "de emergencia" con la que se detenga. El paseo sin correa también incluye el juego; conforme los perros crecen, olvidamos que son máquinas de juego, lo que será tratado en el capítulo 9. Uniéndose mediante el juego (página 129).

No importa dónde lo pasees. Lo importante es con quién estás y no en dónde. Así que no vayas luego luego a ponerlos (a ti y a tu perro) en una situación para la que no estén preparados.

Para entender cómo hacer un buen paseo con y sin correa, vale la pena entender por qué se jalan y por qué no responden cuando andan sin ella. Los perros no se preguntan entre sí cómo actuar ante las órdenes o cómo regresar. Se siguen en grupo y van en la dirección que el líder indica. Si se alejan de la manada se vuelven vulnerables. Así que ésta es una forma de control, que sólo hacen los humanos y sólo en nuestro mundo.

La estrategia es usar este instinto para que te siga porque él quiere, hacerlo regresar cuando lo llamas porque decidiste cambiar de dirección o de actividad y eres divertido y vale la pena volver contigo, no nada más porque lo tiene que hacer.

¿Por qué los perros se jalan?

Porque:

- los dejamos;
- se desesperan, quieren llegar al destino ya;
- les seguimos el jalón;
- nos rendimos al tratar de que no lo hagan;
- están en busca de los otros perros que encuentran en el camino;
- las demás cosas y personas son más interesantes que tú, por eso te ignoran;
- quieren investigar;
- quieren correr hacia otros perros o ladrarles.

Se pueden volver más agresivos cuando traen la correa que cuando no. ¿Por qué? Porque sin correa pueden comunicarse a su antojo, conocer lo que quieran y tomar sus propias decisiones, no sólo porque tú lo ordenas, lo que ven como un conflicto de poder. No quieren tener del otro lado de la correa un dueño que haga decisiones incorrectas o los orille a un comportamiento nervioso o agresivo.

Para acercarte a tu perro debes concentrarte en él y tratar de tener contacto visual, lo cual pueden ver como una confrontación. Para romper el contacto visual sólo gira 90 grados. Como humanos nos sentimos incómodos cuando un extraño nos ve. Un perro se siente de la misma manera y eso es el primer paso para un conflicto.

Cálmate y él también se calmará.

El paseo (sígueme)

PURE Dog Listeners diseñó el arnés *Happy At Heel*, el cual lleva un accesorio lateral que permite enseñarle a seguirte, caminar a tu lado de forma fácil y mirarte. Su diseño asegura que podrás voltearlo hacia ti con un esfuerzo menor.

También puedes enseñarlo a caminar a tu lado con el juego "sígueme", diviértete y él también lo hará. No camines a su alrededor como un sargento mayor que exige la atención; tendrás mejores resultados si eres divertido e interesante, no exigente y aburrido. Si quieres que camine junto a ti, primero debes captar su atención para hacer que te siga.

Trabaja con esto tanto dentro como fuera de casa. Camina hacia atrás para que queden cara a cara; o de lado, ten un juguete apachurrable; logra que quiera estar donde tú quieres. Mira a tu perro, no veas a dónde quieres llegar, y comprométete con él. Trabaja sin correa primero en casa para que no caigas en distracciones y puedas concentrarte en ser interesante y divertido.

Dentro o cerca de casa es el mejor lugar para aprender, pues habrá menos distracciones. Esto ayudará a que se concentre en ti y en lo que estás haciendo. Así evitarás que dependas de ser un líder, lo cual debe ser tu último recurso. Recuerda, lo importante es quién eres con él, no dónde estás. Con esto le decimos: "Sabemos lo que es importante para ti y te mostraremos que puedes confiar en nosotros. Si lo haces te enseñaremos un mundo donde puedes vivir la vida al máximo."

Antes de que inicien un paseo es importante que los dos estén relajados, esto significa en un estado mental donde el aprendizaje sea posible.

Debes hacer que pierda el interés en cualquier cosa que pueda distraerlo o hacerlo reaccionar antes de sacarlo a caminar. Queremos que se vea emocionado, pero con algo de autocontrol. Ambos deben estar tranquilos y relajados antes de iniciar el paseo. Así debes empezar el hábito de sacarlo a pasear, no sólo porque el camino esté a la vista significa que van a salir. Por ejemplo, si se emociona cuando te pones los tenis, entonces póntelos y tómate un café, y hasta que esté calmado llámalo, ponle la correa y que inicie el paseo. Recuerda, los perros aprenden de lo que hacemos, así que no es necesario que a la acción A siga la acción B, al menos no hasta que esté calmado. No estás siendo cruel, sólo haces las cosas a tu propio ritmo.

Para practicar es mejor que durante el día hagas varios paseos cortos y bien, que uno largo y mal. Con el tiempo los cortos se harán poco a poco más largos y antes de que te des cuenta estarán los dos atravesando la ciudad disfrutando de un momento increíble. Cuando digo corto me refiero a diez minutos, cinco o seis veces al día. Conforme el tiempo de paseo aumenta, el número de éstos disminuye. Esto significa menos trabajo para ti a cambio de mayores ganancias para los dos. Si tu perro se empieza a emocionar porque has cambiado la rutina y refleja una actitud de "¡vámonos de paseo!", por favor recuerda que es porque tú la has cambiado, por una buena razón, tú decides cuándo y a dónde salir.

Sí, los perros necesitan ejercicio y tú disfrutarás los paseos largos de nuevo, pero es mejor dejarlos para cuando las cosas ya marchan bien, y los dos se sientan felices, en confianza y seguros.

También vale la pena pensar en hacer juegos de equipo, tanto en casa como fuera de ella, para fortalecer su vínculo. Tu perro lo amará y se ejercitará mientras lo educas.

Si no resistes la tentación de sacarlo a pasear por el mundo antes de que esté listo, convéncelo de que en realidad puede creer en ti y adoptarás las decisiones correctas, y seguro cosecharás grandes beneficios. Aunque sabemos que puedes ser víctima de cualquier tipo de circunstancia. Es común oír "debes pasearlo durante una hora en las mañanas y en las noches." Si en serio debes hacerlo, no dejes que sea él quien te pasee a ti y te traiga corriendo al final de la correa. Detente, gira y ve a donde tú quieras ir.

Vivo en un mundo real donde sé que no todos tienen un jardín. En ese caso tienes que sacarlo sólo para que haga sus necesidades. Si caes en esta categoría, es aún más importante que le des las señales correctas y que tengas un plan de acción si la situación se sale de control, porque si estás parado, esperando, pasándote de un pie al otro y sin saber qué hacer, su reacción será "o me paseas o te quitas del camino." Ésa es la primera señal de pánico.

¿Quién guía el paseo, decide a dónde ir y cuánto durará? Tú. Por lo tanto, cuando salgan de la casa, como todos los humanos, deben salir por la puerta principal a su propio ritmo. Si te respeta, caminará a tu lado o te seguirá. No lo obligues, queremos que sea natural, que te busque y espere a ver qué quieres hacer y a dónde ir, pero no que se aviente por la puerta sin el menor sentido de autoridad.

Así que, con la correa puesta, sólo deberás caminar hacia la puerta y abrirla hasta que esté calmado. Si te ladra, detente, regresa y vuelve a intentarlo una y otra vez hasta que lo haga bien. Si la situación se pone tensa, toma un descanso y después de un rato vuelve a intentar. Si haces esto sin hablarle o tener contacto visual, prémialo con un cariño cuando lo haga bien. Éste debe ser tranquilo y gentil o lo emocionarás de nuevo. Cuando esto salga bien trata de salir por otra puerta, si es que la tienes. Recuerda, no seas predecible, pues a eso responde tu perro.

Siempre debes traerlo con correa aunque sólo vayas al coche, o lo saques de él para ir al parque. Aléjate unos diez o quince metros antes de que lo sueltes. Esto le recordará que tú eres el que toma las decisiones, no él, y que hoy decidiste que el paseo inicie desde… aquí.

Si no te sientes seguro de dejarlo sin correa, entonces ponle una que se pueda desenrollar, un arnés *Happy at Heel* y relee "Enseñándole a regresar a ti" en la página 144. La seguridad es lo primero, puede que sólo tengas mala suerte una vez.

Mientras estén de paseo llámalo para que regrese en intervalos irregulares. Ponle la correa, trabaja un poco en llamarlo o sólo camina con él con la correa puesta por unos veinte metros, entonces hazle un enorme cariño y suéltalo de nuevo. Esto hará que el entrenamiento sea divertido y aprenda que el hecho de que le pongas la correa no siempre significa el final del paseo; recuerda que debes hacerlo interesante. No tomes siempre la misma ruta, cambia el paso, ve a la derecha, a la izquierda, detente, regresa. Mantenlo interesado en "¿a dónde iremos ahora? ¿Qué vamos a hacer?" No olvides salir de la casa por diferentes caminos para que desde el principio lo mantengas emocionado. Incluso ve por el mismo camino, pero en la banqueta de enfrente.

Agresividad hacia otros perros

Para sacarlo las primeras veces practica en áreas donde no haya perros (tu casa, estacionamientos, etcétera). Hasta que esto te salga bien puedes pasar a la siguiente parte.

Quítate la pena. Considera el uso de "aliados" (investiga entre tus amigos y conocidos quién tiene perros que estén preparados para ayudarte). En las dos cosas que debes concentrarte es en que conozca a otro perro (haz que esto suceda en circunstancias que puedas controlar) y en la actitud del otro dueño. Si acepta trabajar contigo es porque tendrá una actitud positiva. Recuerda que antes de que empiecen a trabajar en conjunto, debes estar seguro de que tu perro está concentrado en ti, y más cuando vas cerca de personas con otros perros. Haz primero lo que es más fácil.

Arregla la cita con tu aliado en una zona lo más libre de perros posible, así sabrás que sólo debes prepararte para encontrar uno, el de tu aliado. Si ladra o se muestra agresivo con él, sólo agradece y camina por atrás de tu coche o cualquier otro obstáculo que rompa el contacto visual y continua con el paseo tranquilo (página 93). Si están cerca de tu casa, puedes meterte de nuevo.

Cuando se haya calmado, reestablece el contacto visual, asegúrate de que tu aliado esté al menos a cincuenta metros de distancia, volteado hacia otra dirección. Haz de esto una lección corta que les deje una buena enseñanza; no lo presiones para que salga perfecto a la primera. Tomará tiempo que lo haga bien, igual que los entrenamientos en casa. Haz el resto del paseo sin que haya contacto visual ni emociones para regresarlo a un estado de calma.

Cada vez que te alejes de algún peligro y camines de vuelta a casa o a tu coche, le tendrá más confianza a tus decisiones hasta llegar a un punto en que caminará a tu lado de forma tranquila, algo que antes era un problema. Si existe una amenaza potencial sobre niños o adultos mayores, entonces debes cambiar el rumbo o alejarte. Con esto no demuestras ser cobarde, al contrario, te verás como alguien que cuida de ellos (sabrán que tus decisiones son las correctas en este momento).

Lo mejor que puedes hacer es prevenir sus acciones y tomar decisiones antes de que éstas ocurran. Si tomas decisiones correctas, te tendrá más confianza en momentos de duda.

Los otros perros que pasean sin correa

¿Te ha pasado que un perro perdido se te acerca y no tienes idea de qué hacer? Prueba esto, por lo general funciona. Llama a tu perro y aléjense caminando en ángulo recto, así le demostrarás al invasor que no te asusta ni te hace sentir amenazado. Estos giros son una forma de mostrar indiferencia ante una confrontación. Si el perro te sigue, aléjate de él haciendo un arco y de forma tranquila y educada pídele a su dueño que le ponga la correa, al menos mientras te retiras.

Contacto visual

Usamos el contacto visual, o la falta de, para mostrar gran variedad de emociones. Como hemos mencionado antes, los perros no buscan intercambiar miradas a menos que quieran interactuar, y será prolongado sólo si quieren jugar o pelear. Se reconocen olfateando sus colas u orejas y muestran respeto estableciendo una mirada no muy prolongada, sólo para decirse "¿quién eres?" y "gusto en conocerte." Es una actitud de cortesía. Perros bien entrenados y relajados sólo voltearán brevemente mientras pasan junto a otro durante el paseo o los ignorarán por completo. Como sea, un perro alterado dará signos negativos, se lanzará hacia otros y entrará en pánico.

Muchos perros adultos no toleran a los jóvenes juguetones, no puedes culparlos. Los buenos hábitos vienen con la práctica, por eso es importante enseñarles límites y un buen desarrollo social durante los primeros dos años y seguir reforzándolos.

Si cuando están de paseo otro perro se les acerca y ves que está estresado sólo gira 90 grados. Trata de entender que aunque tú no lo consideres una amenaza puede que tu perro sí. Esa situación lo hará sentir incómodo y más si piensa que lo estás sosteniendo con una correa que lo pone de frente al otro. De ser así se concentrará más en él que en ti.

Muchos perros son buenos andando sin correa, pero no con ella, esto es porque así son capaces de saludar a otros en el camino de forma natural. Ayuda a tu mascota, vayan del otro lado del andador cuando pasen cerca de cualquier perro. Si quieres que se conozcan asegúrate de que no sea frente a frente, sino dándoles un espacio para que se saluden de forma casual. Entonces establecerán contacto visual cuando estén listos. En el momento que la interacción esté completa el contacto visual se perderá. Esto es similar a nosotros de muchas maneras.

Jugar y retarse son dos de las muchas razones por las que los perros establecen contacto visual. ¿Cómo saber la diferencia? Lenguaje corporal, tan simple como eso.

Un perro en actitud de pelea se quedará inmóvil, mirando fijamente a su posible oponente. Buscará demostrar su fuerza y verse lo más alto posible (con la cola estirada hacia arriba). Su cuerpo estará tenso, como el de un resorte listo para saltar, dependiendo de la respuesta del otro perro, la cual será o aceptar el reto —de ser así le mantendrá la mirada— o no —lo que indicará con la cola baja y los ojos evasivos. Un perro que no está dispuesto a aceptar el reto no se moverá (excepto para girar la cabeza o evadir la mirada) hasta que el agresor indique que está dispuesto a dejarlo ir.

Moverse antes de esto no sería muy inteligente. Si tu perro reacciona así es por una buena razón. Si lo llamas, asegúrate de que sea girando 90 grados y aléjense de ahí. Este movimiento no será ni un reto ni una indicación de huida, de esta forma el agresor será menos propenso a reaccionar. Deja que los perros se hablen en perruno entre sí; somos nosotros los que les causamos problemas.

Un contacto visual prolongado que invita a jugar es diferente. Suave, ojos brillantes, la cola en movimiento y por lo general con la boca abierta y la lengua de fuera (todo indica su deseo de interactuar). Esto debe ser captado por el otro perro, y si lo acepta, "¡a jugar!" De lo contrario, los signos que muestra son similares a los que hará si quiere evitar una pelea (ojos evasivos, girar la cabeza). Puede ser que sólo se aleje, algo que no haría en el otro escenario a menos que el agresor acepte que su oponente no busca pelear y rompa el contacto visual.

Puntos importantes para pasear a tu perro

- Tú eres quien guía el paseo, decide a dónde ir y cuánto tiempo. Es un juego de "sígueme", no un "a ver quién puede más".
- Inicia sin la correa en casa (es más fácil porque hay menos distracciones). Cuando esto salga bien pasa a la siguiente etapa que es el jardín o cualquier otro lugar tranquilo. No existe un tiempo máximo para que lo haga bien. Sé paciente.

- Mira a tu perro, interactúa con él. Cuando levante la vista, sé amable y sonríele. Camina hacia atrás, ten un juguete, sé interesante.
- Después de la correa corta usa una larga para que te sientas con más confianza. Así, si tu perro no regresa cuando lo llamas, puedes enrollarla o ponerle el seguro. Si esto sucede trabaja un par de minutos con la correa corta y vuelve a intentar.
- Juega a "sígueme" con la correa larga. Aléjate y gira 90 grados. Si tu perro está atento girará y se moverá en la misma dirección que tú.
- Cada que lo llames y regrese, sé amable y divertido.
- Recuerda, un paseo no es una marcha forzada. Jueguen durante el camino, dale su tiempo para detenerse, observar a su alrededor y olfatear.
- Todo esto necesita tiempo y paciencia (algunos perros necesitan más que otros).
- Vale la pena repetir que no se trata de dónde estés, sino quién eres con él. Eso es lo que realmente importa.
- Cada perro tiene su ritmo para aprender. Sé paciente con él y busca que cuando te siga lo haga caminando feliz y con un suave meneo de la cola. Pasearlo con correa debe ser un placer y una oportunidad de conocerse mejor y vincularse. Es una oportunidad maravillosa para lograr una conexión.

7

Reencuentro y muestras de afecto

Los perros que viven juntos o ya se conocen se saludan de manera gentil, sin imposiciones ni acoso para que no se preste a malos entendidos y parezcan agresivos o rudos. Los cachorros saludan a sus padres lamiéndoles los labios para estimular la regurgitación, esta reacción también la pueden tener perros adultos. Echarse panza arriba también es una reacción pasiva, tal vez demasiado. Si tu perro hace esto para darte la bienvenida es, en términos perrunos, una forma de relajarse ante una situación en la que se siente inseguro. Algunos se orinan cuando te agachas a tocarlos o los acaricias, si es tu caso, entonces no lo hagas; espera a que se aleje, y cuando estés listo, llámalo con calma para que se acerque. Ten cuidado en cómo te inclinas hacia ellos. No te acerques demasiado o por encima, pues es intimidante. Piensa que eres muy alto para un perro y los extraños pueden asustarlos.

La forma en que nos saludan dice mucho de cómo nos perciben. Sí, están felices de vernos, igual que nosotros, pero es necesario algo de educación. No queremos que nos salte o lama hasta el cansancio sólo para demostrar su cariño y menos que se avienten por la puerta, sobre todo si venimos con niños, abuelos o bolsas. Podemos saludarnos de manera respetuosa. El espacio personal es un tesoro, y un vándalo pintándonos patas por toda la ropa no es bienvenido.

Ahora, si se aleja cuando tú entras, prueba con llamarlo para acariciarlo un poco y saludarlo. Si, por otro lado, la forma en que te saluda no es calmada y amable, entonces tendremos que ser más estrictos y sentar algunas reglas.

También existen los perros que esperan a que tú vayas a saludarlos y les rindas homenaje. En este caso, él está determinando tus acciones; puede detenerte o ponerle un alto a tus caricias en cualquier momento. No vayas, llámalo para que él venga. Tiene que respetar tus decisiones, así que háblale para que se acerque y, cuando decidas, termina la interacción de manera amable, organizada y segura (todo en tus términos). El movimiento es poderoso y tú generas sus movimientos, no al revés.

Lo mismo sucede cuando te salta hacia el pecho en busca de un abrazo sin invitación. Lo estás dejando creer que es la forma correcta de terminar una interacción ("yo la empecé, ¡yo la termino!"). No te pongas en una situación incómoda, está en ti iniciarla y terminarla con tu propio ritmo, no con el suyo.

Al usar estas técnicas no estás siendo rudo o cruel. Al contrario, le estás demostrando que eres fuerte, de confianza y cuidadoso. Y no necesitas actuar como un sargento en entrenamiento.

Nuestros perros y nosotros nos reencontramos varias veces en el día. Cada vez que alguien regresa, el perro hará varios rituales para saludar, dependiendo de quién llegue. Si te salta de forma desordenada y trata de trepar por tu pecho para llamar tu atención es muy importante que no le sigas la corriente, ni verbal, ni visual, ni física. En este caso, sólo aléjalo de manera firme sin que se note tu consentimiento bajo ninguna circunstancia. Lo mejor es que siempre traiga collar (si es que no tiene algún problema en el cuello) para que puedas alejarlo de manera eficiente sin tener que jalarle la piel o empujarlo, lo que podría considerar agresivo o intimidante. Deja que se calme un rato antes de llamarlo.

Ya que *tú* estés listo háblale para hacerle un cariño. Usa su nombre de manera gentil con una orden "aquí"… "ven"… "Firulais"…, no importa qué palabra decidas, pero usa siempre la misma, porque para ellos no importa la palabra en sí, sino el sonido. Alarga las vocales para hacer tu voz más suave. Cuando se acerque continúa hablando así para mantenerlo calmado. No te emociones ni le hagas cariños que lo exalten de nuevo, pues eso revertirá todo el aprendizaje de comportamiento que quieres desalentar. Sé gentil con la voz y el tacto.

Para hacer que se acerque es más fácil cuando está de pie que cuando está en su cama. Cambia eso, vale la pena investigar cómo, por ejemplo, puedes arañar la alfombra. No lo veas hasta que quieras que vaya hacia ti. Cuando se levante, aliéntalo. No te preocupes si al principio tienes que usar algún tipo de "soborno", comida por ejemplo, pero elimina su uso poco a poco o se volverá adicto.

Si llega pidiendo tu atención o está demasiado emocionado, sólo ignóralo girando la cabeza y no le hagas cariños. Si sigue sin hacer caso, guíalo hacia fuera de tu espacio de manera gentil hasta que aprenda algunos modales. Si con esto tampoco modifica su comportamiento, salte del cuarto, déjalo solo por quince segundos e inténtalo de nuevo. No le llevará mucho tiempo entender que si respeta tu espacio te tendrá a ti como recompensa. Si cuando te sales del cuarto tu perro se quiere echar a correr, sólo cierra la puerta. Ésta será una buena lección, le estás diciendo: "Cuando dejes de rascar te darás cuenta de que eso no te lleva a ningún lado, tampoco tu actitud, y yo no te seguiré la corriente. Ahora estás solito."

Cada que lo llames recompénsalo con comida y/o caricias. Todo bajo tus términos, no lo suyos. Si su reencuentro es de buena manera quiere decir que eres bueno en llamarlo. Siempre irá cuando le hables dentro de la casa, una vez que establezcan esto, llamarlo cuando estén de paseo será mucho más fácil.

Muchas veces trabajo con perros desobedientes y resulta que los dueños ¡nunca los llaman dentro de casa! Siempre obtienen lo que quieren cuando lo piden. Así que ¿por qué deberían responder a algo para lo que no están entrenados cuando, además, hay mil cosas interesantes que olfatear o perseguir durante el paseo?

Por lo general las personas dan mucha atención a sus perros dentro de casa y bajo sus propios términos, y no lo hacen cuando salen. Si eres aburrido durante el paseo, ¿por qué querría estar contigo? Piensa en jugar y ser divertido, así sabrá que eres el mejor y querrá estar a tu lado.

Quien visite tu casa tiene que seguir tus reglas y no debe acariciarlo hasta que tú aceptes y lo llames. Recuerda, no a todos los perros les gusta ser molestados por extraños, a ti tampoco, ¿o sí? ¿Dejarías que cualquier persona suba al cuarto de tus niños y tenga contacto físico con ellos? No, no lo harías, así que a él también dale un descanso (aunque esto tampoco es una obligación). Si se orina, se encoje con la cola entre las patas o se echa de forma sumisa, significa que no la está pasando bien.

Puntos importantes para los reencuentros y las muestras de afecto

No importa si te fuiste seis segundos o seis horas, las reglas para saludarse y demostrarse cariño son las mismas:

- Si tu perro es educado, salúdalo y hazle un pequeño cariño.
- Date un tiempo para hacer las cosas importantes y después llámalo.
- Si se acerca en cuanto te ve ignóralo, aunque sea muy persistente. Si empieza a brincarte guíalo al suelo sin tener contacto visual, emocional o vocal. Si usas algún tipo de contacto el mensaje será confuso.
- Ubícalo. Tal vez necesites una correa larga para evitar que ande de un lado a otro. Con esto podrá calmarse más rápido, reducirá la adrenalina y el resultado será poder llamarlo y acariciarlo más pronto.

- Después de que se haya calmado unos minutos o de que no le respondas, lo puedes llamar. Usa su nombre para captar su atención "Ven… ¡buen chico!" y recompénsalo cuando se aproxime de manera tranquila.
- Le estás enseñando a que vaya hacia ti, así que no le pidas que se siente; lo hará de forma natural cuando esté relajado. Termina la dinámica cuando quieras, y recuerda darle un masaje profundo y gentil con la punta de tus dedos. Si necesitas un soborno de comida, úsalo, pero elimínalo poco a poco o se volverá dependiente.
- Los visitantes deben ignorarlo cuando entren y sólo interactuar con él bajo tus términos y condiciones. Deja que los huela (necesita tiempo para revisar todos los nuevos olores). Tendrán tiempo de hacerle cosquillas después. Primero dale a tu perro la oportunidad de obtener toda la información que necesita.
- Recuerda, no dejes que tenga acceso total a ti todo el tiempo. Cierra las puertas tras de ti, aunque sea sólo por quince segundos. Con esto le estarás diciendo: "No te necesito conmigo y tú no necesitas estar a mi lado todo el tiempo. Estamos bien solos y juntos." Esto evitará que se sienta ansioso con la separación, sobre todo cuando es cachorro.
- Mientras hagas todo lo que tienes que hacer en el día no te la pases mirándolo o pensará que debe seguirte. Enséñale que puede relajarse cuando la actividad no le incumba evitando el contacto visual.

8

Considerar la disciplina

Todos los grupos, para que funcionen bien, deben tener disciplina. No importa si es en familia, el trabajo, el entrenamiento o las personas con las que nos relacionamos todos los días. La disciplina es una serie de reglas escritas, y no escritas, y la mejor forma llevar la fiesta en paz es ser autodisciplinado.

A menudo los seres humanos pensamos en aplicar las reglas como una prioridad. Cuando hablamos de hacer que tu perro las obedezca, la primera herramienta que utilizamos es la fuerza física, como golpearlo, agitarlo o gritarle. Por favor, no pierdas el tiempo. Además de que es cruel... no funciona. Si lo pateas o usas cualquier otra forma de violencia, incluidos los horribles "electrochoques" o "collares de castigo", sólo habrá dos opciones: o destruyes su espíritu o te muerde. Ninguna de éstas te dará el resultado que esperas.

Necesitamos establecer reglas, pero lejos de usar el "no lo pidas... ordénalo" o el "oblígalo", preferimos usar "correcciones apropiadas". ¿Por qué? Porque somos seres humanos considerados, amables y conscientes. Ah... y porque funciona mucho mejor que cualquier otra cosa.

Si te la pasas hablando o molestando a tu perro, incluso si no le estás diciendo a él, sino que sólo estás contándole tus planes del día, estás creando una "barrera de sonido" o "sonido en blanco". Tu perro pensará "aquí vamos de nuevo..." y dejará de ponerte atención. Si quieres interactuar con él sobre algo importante, que no te sorprenda si no te hace caso. Si usas el método como te enseñamos, cuando digas su nombre obtendrás una respuesta positiva e inmediata. Así que, sé claro cuando le hables o le pidas que haga algo.

Los cuatro niveles de corrección silenciosa

NIVEL UNO. GIRA LA CABEZA

Los perros usan esto para calmar las situaciones y demostrarles a otros que no están interesados en sus asuntos.

Haz esto cuando esté tratando de llamar tu atención: gira la cabeza mostrando desinterés en lo que hace, aunque quieras verlo o levantarte cuando brinca para que le hagas caso (sobre todo si traes una taza de café en la mano).

Se cansará y se irá. Entonces llámalo cuando quieras y cuando estés listo. Esto le ayudará a respetar tu espacio y empezará a reafirmar la idea de que brincotear y molestar no es bienvenido, aunque sienta la necesidad de hacerlo. Si, por el contrario, se te acerca, se sienta y te mira con esos hermosos ojos, pero a una distancia respetuosa, está pidiendo de manera educada que lo acaricies. Si tienes tiempo, ¡hazlo!

NIVEL DOS. SOSTENLO ALEJADO

Para esto tampoco debes verlo, hablarle o mostrarle alguna emoción. Si tu perro sigue presionando, no ha entendido que se está portando mal y tu taza de té está a punto de salir volando, aléjalo de manera gentil pero firme. Tal vez sea necesario sostenerlo por el collar con el brazo extendido en lo que se tranquiliza, cuando ya se calme aleja tu mano. Repite esto las veces que sea necesario, si aún así persiste pasa al nivel 3.

NIVEL 3. ALÉJALO CAMINANDO

De nuevo, hazlo sin hablar, mirarlo o mostrar alguna emoción. Usa este nivel cuando esté haciendo algo que en verdad no quieres que haga. Es importante que no exageres ni le hagas caso, porque entonces te va a agarrar la medida y sabrá cómo obtener lo que quiere de ti.

Puedes usar este nivel en muchas situaciones (perros que se trepan a los muebles sin invitación, que insisten en brincar...) la lista no tiene fin. Si no te gusta su comportamiento, cualquiera que sea, entonces interrúmpelo de manera calmada.

Agárralo del collar y dando un giro de 180 grados aléjalo caminando del área de interés. Puedes llevarlo a su cama y sostenerlo ahí por unos segundos hasta que se calme, entonces vete. Si repite este comportamiento, hazlo de nuevo... y de nuevo... y de nuevo...

Como alternativa sólo aléjate de él pero quédate dentro del área.

NIVEL 4. TIEMPO FUERA

De nuevo, hazlo sin hablar, mirarlo o mostrar alguna emoción. Este nivel debes aplicarlo cuando su comportamiento es inaceptable, ya sea desde un simple mordisco hasta no comprender los mensajes con los otros niveles de corrección. Lo preferible es que te vayas del cuarto dejando a tu perro solo por quince segundos. Esto le dará tiempo de pensar "ups... no debí hacer eso... ahora me quedé solo". Es importante que cuando te salgas no le digas nada. Ya que estés listo llámalo para que se te acerque. Cada vez que repita su mal comportamiento extiende el periodo de "tiempo fuera" en todas las sesiones, así que si la primera vez te sales treinta segundos y tu perro se vuelve a portar mal, haz otro "tiempo fuera", pero esta vez de sesenta segundos.

Si cuando abres la puerta y te sales empieza a ladrar, sólo ciérrala tras de ti, ¡listo! (el perro se queda solo de un lado y tú estás del otro). Ésta es la forma ideal de aislarlo sin contacto físico.

Evita sacarlo de forma física, pues puedes causar más problemas al forzarlo, lo que puede estallar en una confrontación.

No uses este método con un cachorro menor de dieciséis semanas. Dejarlos solos depende de las circunstancias. Si usa los dientes, sólo di "¡Ay!" y aléjate. Esto es menos efectivo en un perro mayor de dieciséis semanas, ellos ya debieron haber aprendido modales, límites y a no morder. Si dices "¡Ay!" con ellos, sólo sonarás como un animal herido.

Usa el tiempo fuera con moderación y como último recurso, no para pequeñas faltas. Aplícalo para mordidas que sean fuertes, para su mal humor o brincos, sobre todo si lo hace con niños o adultos mayores.

Trabaja con tu perro (necesita que lo guíes y lo eduques). Tal vez ayude revisar otra vez el tema de las visitas (página 81), o el uso de una correa larga (páginas 100 y 145). También recuerda el paseo tranquilo y sujetarlo con calma.

Siempre debes usar los cuatro niveles antes mencionados sin hablar, hacer contacto visual o mostrar emociones. Si actúas en silencio, de manera gentil y calmada, en el instante mismo en que cometa la falta, tu perro hará la conexión "cada vez que hago X obtengo Y, ¿qué pasaría si no hago X?" La respuesta cambiará su comportamiento, entonces obtendrá la recompensa, que es quedarse contigo, y tendrá el cariño y la atención que necesita, lo cual es su principal objetivo.

Si le hablas o estableces contacto visual con él mientras lo estás corrigiendo, el mensaje no será fuerte y claro. Lo más probable es que repita su comportamiento y tú lo veas como una confrontación. Un perro agresivo reacciona de una manera que definitivamente no quieres.

Tiene que aprender que cualquier acción tiene consecuencias, ya sean buenas o no tan buenas, y se volverá más respetuoso de tu espacio personal. Lo que no significa que dejará de saludarte, sino que lo hará de manera educada. No lamerá porque ahora sabe que si te da tu tiempo y espacio personal para dejar lo que traes en las manos o hacer lo que tengas que hacer, más pronto estarás en posición de interactuar. Un perro bien educado que quiere que le pongas atención sólo "aparecerá" para ser visto y buscará verse ¡adorable!

Te está dando signos no verbales de que es respetuoso y está dispuesto a acercase a tu espacio en cuanto lo invites. Si deseas hacerlo pasar, haz un contacto visual cálido y llámalo como te enseñé antes. Si no deseas interactuar con él en ese momento (tal vez necesitas hacer una llamada u otra cosa urgente), sólo rompe el contacto visual y recibirá el mensaje, fuerte y claro, de que estás ocupado.

Mientras vas estableciendo respeto y confianza, estos crecerán, pero dicho aprendizaje puede irse para bajo si te vuelves flojo. Enseñamos a los niños a decir "por favor" y "gracias" y a no interrumpir las conversaciones de los adultos, pero a veces lo olvidan. Si le das un dulce y éste se aleja sin decir nada, debes recordarle los buenos modales. Lo mismo aplica con un perro. Ellos aprenden a comportarse, pero a veces lo olvidan. Dale la información correcta, así recordará que debe esperar a ser invitado.

Uso de los niveles. Estudio de casos

Dos clientes diferentes pero con el mismo problema: morder los dedos de los pies.

El problema que estos clientes presentaron fue que sus perros mordían los pies. Esto es un comportamiento bastante común, que va desde hacerte cosquillas hasta una mordida dolorosa.

El caso del primer cliente había iniciado con leves mordisquitos que se habían vuelto de verdad irritantes. Lo que sucede en la mayoría de los casos es que la familia se sienta en la sala sin zapatos o completamente descalzos.

Los perros se acercan, olfatean y de manera gentil dan leves mordisquitos. Quien recibe el pedicure se divierte y retira su pie mientras se ríe. Entonces cambia el pie y le da al perro su total atención, el cual ahora sabe cómo obtener lo que quiere, incluso si su dueño está sentado. Los otros miembros de la familia también lo consideran divertido y lo festejan, como consecuencia el perro hace lo mismo con todos. Pero cuando no pueden concentrarse en los mordiscos pueden sufrir un considerable cambio en el humor de su mascota.

El primer caso era un compañerito lindo, pero "persistente" era su segundo nombre. Tratamos de alejarlo como en el nivel 2 y el nivel 3, pero sin resultados. Mordió al esposo en el pie izquierdo, así que lo sacamos del cuarto, pusimos la barrera y nos alejamos. Esto resultó en un perro más insistente en mordisquear pies, como si ahora se movieran los objetivos y el juego se volviera más divertido.

Regresó, esperó un tiempo muy corto y mordió el pie derecho. Lo apartamos de nuevo. Cuando volvió miró al esposo, se alejó de él, pero fue directo al pie derecho de la esposa, así que lo sacamos por tercera vez.

Cuando entró de nuevo casi se podían oír sus pensamientos. Miró al esposo como diciendo "mordí tu pie izquierdo y derecho y ambas ocasiones me dejaron solo". Entonces miró a la esposa: "Mordí tu pie derecho y me alejaron también, entonces, haciendo un balance de probabilidades, si muerdo tu pie izquierdo... no quiero averiguar." Tres aislamientos muy cortos y el mensaje fue entendido.

Con el segundo cliente la perra estaba en una triste situación. Seguimos el mismo procedimiento, y cuando fue obvio que no entendía el punto le dije al cliente: "La próxima vez que haga eso sáquela, pero no le diga nada ni la mire."

"Muy bien", dijo.

La perra mordió de nuevo, con la cabeza le hice una seña al cliente para que la sacara. Él la tomó del collar y mientras caminaban fuera del cuarto dijo: "Muy mal señorita, salte. Eres una chica muy mala."

Le dije: "No, no diga nada."

"Pero si no lo hice", contestó.

"Sí lo hiciste", afirmó su esposa.

El señor se enojó y respondió: "Que no lo hice."

Creí que iban a discutir, pero intervino la suegra y dijo: "Cariño, sí lo hiciste."

Por alguna razón aceptó la corrección. Lo intentamos de nuevo, y de nuevo… y de nuevo… pero no podía dejar de hablar. Le tomó once intentos poder sacarla en silencio. Cuando volvió dijo: "Tuve que controlarme demasiado, hasta me mordí la lengua para no hablar, pero no es mi culpa. Ya sabes, soy muy platicador."

Compara el mensaje que se dio en ambos casos. En el primero el mal comportamiento tenía consecuencias inmediatas. No confusas. Un simple mensaje: pórtate mal y te quedas solo. El perro fue capaz de moderar su comportamiento porque supo que era necesario.

En el segundo el mensaje fue confuso. Había una barrera de sonido que bloqueaba cualquier mensaje que tratáramos de dar. La perra regresaba al cuarto y pensaba "¿Dónde me quedé? Ah, sí, morder pies…" De todos modos logramos corregirla, pero fue un trabajo más duro.

9

Uniéndose mediante
el juego

Ningún perro sale a caminar nada más porque sí, sería un desperdicio de energía valiosa. Salen a cazar, a buscar comida y a revisar los límites para proteger su territorio. Si al estar fuera de su base y viajando 200 metros, se les atraviesa un tonto alce o un bote de basura, lo tratan de matar y comérselo. Luego, regresarán a su zona de descanso/juego/escondite. No van a pensar que tienen que caminar otros cincuenta kilómetros como parte de su entrenamiento aeróbico. El propósito de alejarse era conseguir comida y lo han logrado con un mínimo de esfuerzo y ningún problema. Misión cumplida, un uso perfecto de tiempo y energía.

Si no realizan el equivalente a un maratón diario, ¿qué hacen entonces? Duermen y juegan. ¿Por qué juegan? Por la misma razón que los humanos: para divertirse, mantenerse en forma, establecer lazos con su familia o equipo. Para eso existe la escuela o los bares donde se ve el futbol, y es por eso que los grupos de vendedores salen los fines de semana a jugar gotcha, para ayudar a fortalecer los vínculos. Cuando los perros juegan en grupo, a los más pequeños les sirve para desarrollar sus habilidades de cacería, aprender una serie de aptitudes, y también, con la misma importancia, para aprender uno del otro.

Es mejor que tú escojas el juego y le enseñes las reglas a tu perro, así el juego es en tu horario y es más fácil pararlo cuando ya has tenido suficiente.

Si tu perro trata de molestarte con juguetes de manera obsesiva con la ilusión de que juegues, ignóralo, levanta tu cara hasta que te traiga el juguete y luego, si el perro todavía lo tiene en la boca, sin quitárselo o hacer contacto visual, simplemente condúcelo lejos. Si lo tira sobre tus piernas, tómalo bajo tu control, sin decir nada ni hacer contacto visual.

Cuando tengas el juguete bajo control, ponlo fuera de su alcance. Si quieres, puedes empezar un juego después de unos minutos porque así le estarás mostrando que ahora tú has decidido jugar.

No dejes demasiados juguetes tirados, sólo un par de sus favoritos para que el perro se pueda entretener cuando está solo. Cámbialos con frecuencia, una vez a la semana por ejemplo, para que no se aburra. Cualquier juguete especial que uses para interactuar con tu perro debe guardarse después de usarse, y sólo sacarse bajo tus términos. Los juguetes pueden ser trofeos, y para algunos perros significar estatus y poder. Así que si tienes un perro que esconde juguetes y gruñe cuando alguien pasa, no debería permitírsele tenerlos bajo su posesión. Una vez dicho esto, bajo ninguna circunstancia se los quites de la boca. Ciérrale la puerta y, como por acto de magia, soltará el juguete. No le hagas caso si lo vuelve a recoger. Una vez que lo haya dejado por fin, quítaselo.

Un punto importante que hay que recordar es que no es aconsejable jugar luchas o forcejeos con ningún perro. Se puede salir fácilmente de control con perros de cierta personalidad.

Los perros pueden jugar solos o de uno a uno, pero los juegos que tú hagas con tu perro serán mucho más divertidos y dinámicos para construir una amistad y fortalecer su vínculo.

Los equipos o grupos que se relajan y divierten juntos funcionan de manera más eficiente. La familia que juega junta se mantiene junta. Esto es tan cierto con perros como con humanos.

Aquí hay algunas cosas que podrías intentar. Recuerda que un perro que no juega es un perro estresado o que, en algunos casos, no ha aprendido a hacerlo. Quítale el estrés y se relajará, de esta manera puedes mostrarle cómo jugar y sentirse cómodo en su ambiente.

Aun cuando tengas más de un perro y jueguen ellos juntos, es importante que también juegues con ellos.

"Sentado" y "echado"

Estas acciones se añaden al juego para motivarte a enseñarlo de una manera divertida. Cuando tienes tu cachorro, tu perro rescatado o tu perro problema necesitamos saber que te van a responder a "sentado", "abajo" y "junto" (para indicarle al perro que te siga). Puedes agregar otras órdenes como "gira", "da la pata", o lo que tú quieras, pero "sentado" y "junto" son esenciales si quieres pasar tu examen de obediencia canina.

Con un perro de cualquier edad, es primordial asegurarte de que quiere estar contigo y elige sin presión estar contigo. Asegúrate de que las lecciones sean cortas y amables, y que se trate tanto de divertirse como de aprender. No empujes hacia abajo el trasero de tu perro, repite la orden y sostén comida en tu mano lo más arriba, entonces subirá la cabeza y bajará el trasero. Si el perro camina hacia atrás, entonces ponlo frente a una pared.

Esto no significa que dejes de jugar con tu perro o de llevarlo al parque a socializar con cachorros de su misma edad y tamaño. Pregúntale a tu veterinario si hay otros perros en la zona que quisieran salir a jugar. Si tienes un cachorro de ocho a quince semanas, es una gran etapa para presentarle a otros de la misma edad. Haz que tu perro regrese a ti (página 144) cuando haya distracciones de naturaleza canina, así como extraños alrededor, lo ideal sería que fuera en un jardín o área cerrada. Un perro de más de dieciséis semanas ya no es un cachorro; está entrando en la adolescencia y si sus anteriores dueños no le enseñaron a no morder, te diriges a un terreno difícil.

Para enseñarle "echado", lleva al perro debajo de una silla o mesa baja, para que lo haga bien sin forzarlo.

Una vez que haya logrado "sentado", agrega "quieto". Sube tu mano y da un paso rápido hacia atrás, felicítalo y recompénsalo.

De manera gradual pero segura, aumenta el tiempo de la instrucción y no te desesperes si tu perro se para, ya que quiere estar contigo y se siente vulnerable y confundido. Sé paciente. Haz que el perro se vuelva a sentar y sé perseverante, pero mantén las lecciones cortas y divertidas. Retírate cuando lo hayas logrado.

Vale la pena mencionar que nunca he visto a un perro pedirle a otro que se siente, esté quieto o se quede junto. Se siguen y se acompañan por seguridad y sentido de equipo. Mis propios perros se sientan cuando se les pide, pero yo nunca se los pido. La única orden que les doy es "aquí". Nunca uso las órdenes comunes con enfoque humano para controlar un perro. Quiero que mis perros practiquen el autocontrol y me vean, en vez de que yo maneje mínimamente su mundo. Las pruebas de control canino sólo son para jugar y sentirse orgulloso de poder pasarlas.

Lanzar

Si tu perro es grande y enérgico sería una buena idea empezar este ejercicio cuando el perro esté tranquilo. Con una pelota, o cualquier otro objeto que sea seguro y atractivo para tu perro, intenta rodarla en vez de aventarla. Si tu perro no es muy entusiasta respecto a las pelotas o los juguetes, lo tendrás que motivar agitando el objeto frente a él y alentándolo un poco antes de lanzarlo. Intenta con varios juguetes, calcetines apestosos, cualquier cosa que logre que lo quiera hacer.

Resulta que tu perro no va por el juguete. Si se aparta y juega su propio juego y no se involucra contigo de ninguna manera, intenta jugar fut con la pelota para motivar a tu perro a recogerla, y cuando lo haga, aléjate y llámalo.

Entonces, cuando te lo dé o lo tire cerca de ti, vuélvelo a aventar. Pero si terminan jugando a corretearse y no tiene ninguna intención de darte el juguete, entonces salte si estás dentro (o viceversa) y, en algunas ocasiones, el perro lo soltará e irá a ver dónde estás: "¿Por qué no me estás viendo? Si estaba tratando de que jugaras mi juego…", ésa será la reacción más probable. El perro ha perdido a su público y tú no le vas a rogar que juegue. Eso no es lo que esperaba.

Con un perro así, es ideal empezar el juego adentro o crear un límite para que no pueda salir corriendo y tenga que llevarte el juguete. Cuando el perro se voltee con la pelota en la boca, muévete de lado y aplaude para motivarlo. Si te pones de lado, no estés en una posición retadora haciendo contacto de ojo a ojo (sólo una mirada casual). Cuando el perro llegue con la pelota, recompénsalo y vuelve a arrojarla… y así continúa el juego. Retírate cuando lo hayas logrado. Tres lanzamientos por separado es suficiente para empezar. Haz que suceda usando tu voz más alentadora y siendo lo más entusiasta que puedas con tu lenguaje corporal.

Si el perro llega con la pelota y no la suelta, ofrécele un intercambio, un pedazo de pollo quizá. La próxima vez que el perro vaya por la pelota, puede ser que la tire a la mitad del camino y corra por la recompensa de la comida. Está pensando: "¡Olvida la pelota, quiero ese pollo!" Pues bueno, mala suerte amigo, el trato es que tú me traes la pelota y entonces tienes el premio. No existe tal cosa como un desayuno gratis. En este caso, camina hacia la pelota y patéala un poco, alentando al perro a que la recoja y te la traiga. Recuerda agacharte de lado mientras se acerca y no hacer mucho contacto visual, ya que se encerrará en tu mirada y se detendrá con una mirada de "¡es mía!" en la cara. Tus ojos pueden ser una amenaza, en vez de un "Por favor, dame la pelota."

Conforme progresen, puedes hacer este juego más interesante, lanzando la pelota a donde haya más vegetación y así tu perro tendrá que ayudarse de su nariz para encontrarla. Mantén el juego interesante trabajando en equipo y dándole más retos en qué pensar. Los perros se aburren con los juegos repetitivos: le lanzas la pelota y él la trae… le lanzas la pelota de nuevo y él la trae… la lanzas por tercera vez y es probable que te vea como diciendo "Ok, no la quieres, ya entendí", y luego se vaya a deambular por ahí a entretenerse en otro lado. Estos perros son tipos inteligentes y necesitas darles retos, cambia el juego, esconde la pelota y trabajen juntos como un equipo para encontrarla. Emociónate y se emocionará.

Otros perros se obsesionan con juegos de lanzamiento; es repetitivo y fácil, así que hazlos pensar más forzándolos a usar su nariz para encontrar juguetes escondidos contigo.

Si tienes dos perros, por lo general uno alcanzará la pelota antes que el otro, y antes de que te des cuenta, el más lento se dará por vencido y dejará de intentar. Así que asegúrate de jugar de tal manera que todos se involucren y nadie se quede fuera. Incluso puede ser que tengas que sujetar a uno del collar mientras lanzas o juegas a encontrar algo con el otro.

"Sígueme"

Haz que la orden de "junto" se convierta en un juego de "sígueme", corre por el jardín para que tu perro te persiga y si brinca, detente y espera hasta que se tranquilice, y vuelve a empezar. Corre a toda velocidad, cambia de dirección, camina, detente, trota, detente, camina, cambia… y así; hazlo tan exagerado física y sonoramente como puedas. Si te estás divirtiendo, puedes apostar hasta tu último peso que tu perro también lo hace. Con un perro muy energético, debes apaciguar las cosas un poco, pero aún así te divertirás.

Prueba unos cursos caseros de agilidad y utiliza obstáculos para que brinque o usa conos para que zigzaguee y lo disfrute. En casa, pon una escoba en el piso junto con una caja vieja y sillas para que esquive y brinque.

Más sugerencias para aprender jugando

Una vez que tengas cimientos sólidos en la relación con tu perro, podrías involucrarte en otras actividades que disfruten. Antes de que lleves a tu perro y se registren en un club para perros, pregunta si puedes ir tú solo a sentarte y observar una tarde. Cualquier club que valga la pena te aceptará con gusto con el fin de tener nuevos miembros. Decide a qué tipo de club te gustaría unirte, ¿quieres ser parte de algo competitivo o sólo divertido? Algunos clubes, como los de agilidad, ofrecen ambas cosas, mientras otros están más enfocados en algo. Recuerda que esto es para que lo disfruten, así que tómate tu tiempo para encontrar el club y la actividad que mejor les acomode a ti y a tu perro.

AGILIDAD

Es muy divertida y buena para mantenerse en forma, tanto para el perro como para el dueño, además de que promueve los vínculos. Si tu perro aún no cumple un año, no empieces todavía (la mayoría de los lugares de agilidad no aceptan perros antes de los dieciocho meses de edad) para evitar lastimar las coyunturas que no se han terminado de formar. No hay nada que te detenga para hacerlo en casa o en el jardín con obstáculos improvisados.

JUEGO DE FLYBALL

Es un deporte muy veloz, quema energía rápido pero es repetitivo y puede hacer que algunos perros se obsesionen con la pelota.

TRUCOS

Hay libros geniales que explican cómo enseñar trucos a tu perro. Son muy buenos para su cerebro y una gran diversión tanto para él como para ti.

Existen estos y muchos otros pasatiempos para ti y tu perro. Sin embargo, puede ser que sólo quieras que salgan a caminar juntos al parque. Cualquiera que sea tu elección ambos estarán contentos, siempre y cuando tu perro no tenga ninguna duda sobre quién manda.

He dicho esto varias veces, pero vale la pena repetirlo. En donde sea que estés con tu perro, lo que importa es con quién estás no en dónde, así que ¡diviértanse! Vemos mucha gente que camina con sus perros y no tienen ninguna interacción en absoluto.

También es bueno recordar de vez en cuando que es importante dejar que tu perro haga otras cosas de perros, como olfatear y averiguar dónde está y de qué se trata. Así que recuerda tomar pausas y admirar el paisaje de repente mientras tu perro se detiene a olfatear. Nos olvidamos con frecuencia de sentir lo que hay a nuestro alrededor, o sobre nosotros, y vale la pena apreciar las vistas y los olores que nos podemos perder. Sólo hay que disfrutar estar afuera con tu compañero.

TRAVIESO
INQUIETO

10

Problemas comunes
de comportamiento

Como ya mencionamos, nunca importa lo que tu perro hace, sólo lo que tú haces en respuesta. Si no le das importancia a las cosas (sino que eres dinámico), entonces esas cosas no tendrán importancia. Pero para lograrlo debes permanecer tranquilo, seguro, convincente y consistente.

Cambios repentinos de comportamiento

Si tu perro demuestra cualquier conducta que no sea normal en él, como pedir salir a hacer sus necesidades en la mañana, no hacerlo a la hora usual, o nada más se comporta diferente, puede haber un problema médico atrás de esto. Incluso sin tener conocimientos médicos, hay algunas cosas que te harán pensar, "¿estará todo bien con su salud?"Por ejemplo, el comienzo de la epilepsia puede indicarlo el inicio repentino de comportamientos agresivos de tu perro hacia miembros de la familia o visitantes, o bien, tener lapsos en "blanco" o sacudidas sin razón aparente. Si por lo regular tu perro es inquieto y ahora está más bien apagado, o viceversa, entonces date una vuelta con el veterinario. Si al crecer se ha vuelto poco a poco un *hooligan*, entonces es más probable que sea un asunto de comportamiento nada más. Los perros no nos pueden decir si no se sienten bien, pero son capaces de indicar cuando algo está mal.

Enseñándole a regresar a ti

Antes de llamar a tu perro, asegúrate de que sienta que vale la pena ir hacia ti. ¿Siempre estás enojado o de mal humor? Si tu idea es que tu mejor amigo venga para que le rujas como un sargento porque crees que así parece que tú tienes el control, entonces reconsidera. Y estos rugidos de macho son tan malos como los gemidos aburridos. Si no vales la pena como para que tu perro regrese, ¿por qué habría de molestarse en hacerlo? Motívate, sé cálido, aligera tu tono de voz y sobre todo ¡que parezca que tienes vida!

Las llamadas empiezan en casa y, si lo haces bien, ya estás del otro lado. Sólo hace falta enfrentar el mundo exterior. Antes de que te vuelvas bueno llamándolo cuando salen de paseo, tu perro debe aprender el ejercicio en casa. La otra cosa importante y necesaria es que tengas muy buen trabajo de liderazgo, es decir que tu perro te vea y gire contigo de forma natural conforme te mueves.

No tiene caso apresurarse en ir al parque con tu perro tirando de la correa y luego soltarlo lleno de adrenalina y esperar que te oiga y responda cuando lo llames. Así que antes necesitas logar un trabajo de liderazgo y de llamada muy sólidos en casa y en tu jardín.

Ten inventiva si estás batallando para que regrese cuando lo llamas. Siempre es más fácil llamar a un perro si está parado que cuando está acurrucado en su cama, así que aprovecha la oportunidad cuando puedas y al principio siempre dale un premio de comida y un masaje. El premio debe ser eliminado poco a poco conforme avances para que no se vuelva un soborno y que tu perro sólo venga… ¡si tienes pollo en la mano!

También ayuda si estás parado o de costado hacia él. Baja el contacto visual de vez en cuando para que el perro no pueda mirarte a los ojos y decirte "háblale a la pata" mientras te ignora otra vez.

Una gran ventaja son los juegos, como los de traer o buscar cosas. Si juegas esto en casa y al perro le gustan, entonces úsalos en los paseos también y lo mantendrás atento.

Pero no dejes a tu perro sin la correa y cruces los dedos. Usa una cuerda larga (nueve metros es suficiente porque si usas más podrías terminar desenredando kilómetros de espagueti).

Lleguen a su destino juntos y en armonía; no siempre lo sueltes de la correa en el mismo sitio. Para algunos perros, el sonido del broche de la correa es el detonante para que se desboquen en modo "soy libre". Así que no se la quites, sólo deja que cuelgue y añade la cuerda larga.

Más que mandar a tu perro a que comience el juego, cambia de dirección para que voltee hacia ti. Al mandarlo a jugar le estás diciendo "ocúpate en algo, yo estoy atareado en otras cosas". Pero con la cuerda larga amarrada cuando lo llames, si él no responde, sólo gira al perro hacia ti caminando en dirección contraria a él y entonces llámalo. Cuando vaya, dale su recompensa, comida y juego.

Muchos perros dejan de regresar con sus dueños como a los seis meses de edad porque encuentran cosas mucho más interesantes con las que ocuparse. Si no eres muy divertido, o si no interactúas con él cuando lo llamas, entonces ¿puedes culparlo por no regresar?

Comienza en sitios que tengan pocas o ninguna distracción e incorpora otros poco a poco pero seguros. Revisa que tu perro no esté muy lejos porque la distancia en principio significa orejas de palo. Los perros —igual que nosotros— se enfocan tanto en lo que hacen, que no es que ignoren tu llamada sino que de plano no la oyen. El objetivo aquí es que tu perro se sincronice contigo. Si logras que todo funcione bien cerca de ti, dale más distancia a tu perro conforme vaya entendiendo. Si lo dejas que se vaya muy lejos, no le estás ayudando a tener éxito. No cruces los dedos con la esperanza de que suceda un milagro porque la esperanza no lo hace volver… todos lo hemos intentado así y siempre falla.

Que un perro no vuelva cuando lo llamas me recuerda a mis hijos absortos con una película. No es que me ignoren, no se están portando mal, sólo están tan concentrados e interesados en la película que físicamente no me escuchan. Me tengo que acercar al llamarlos para que regresen al mundo presente y me presten atención.

Conforme crecen, están más al pendiente del mundo que les rodea y de los demás, y ya no se quedan tan absortos en su propio mundo. Todo se logra con las enseñanzas, el crecimiento y la práctica.

Llamadas con dos perros

Si llamas a un perro y el otro viene también o en lugar del que llamaste, no le prestes atención al intruso, incluso apártalo sujetándolo del collar si insiste en entrometerse. Sólo interactúa con el perro que habías llamado. Tú eres el líder y tú decides quién puede acercarse al trono. También es importante que los perros se den cuenta de que son individuos.

El perro que siempre empuja a los otros perros para acercarse aprenderá algo de autocontrol con este ejercicio. De pilón, el perro menos inteligente también obtendrá algo de atención y se sentirá más valiente sabiendo que tú tienes bajo control al que se siente superior.

Si no le dices nada al perro intruso, estás reconociéndolo primero; tiene tu atención e hizo bien el trabajo hasta donde los perros alcanzan a percibir. Es como si hubieras cambiado de opinión.

Ansiedad de separación

Si un perro tiene confianza en tus habilidades para cuidarlos a ti y a él (porque ya aprendió que tomas buenas decisiones), confiará en cualquier curso de acción que tomes y, por lo tanto, estará relajado contigo o sin ti. El perro se siente seguro sabiendo que tú has demostrado tu eficacia en el rol de tomar decisiones. No siente la presión de tener que cuidar de sí mismo o de ti —ahora tú tienes depositada su confianza en que nunca lo vas a poner en una situación peligrosa.

Pero si tu perro se siente responsable de ti, entonces su naturaleza le indica que te siga y esté ahí para ti, ya sea de forma protectora, como una madre vigilando a su cachorro, o como un amigo cuidando a su compañero. En este último caso, el perro va a querer estar contigo en todo momento y esto podrá convertirse en agresión contra cualquiera que se interponga entre ustedes.

Si has permitido que tu perro te siga todo el tiempo desde cachorro, ésta puede ser otra causa de ansiedad por separación. Igual que un niño que nunca ha sido alentado a alejarse de su mamá, el perro puede volverse tan dependiente que estar solo sea demasiado incómodo.

Sabemos que los perros son animales sociables y que evolucionaron de manera que ser miembros de una manada resultó la mejor forma de sobrevivir, así que estar solos no es natural para ellos. Necesitas crearles una mentalidad que les permita estar cómodos por su cuenta, contigo o sin ti.

Para lograrlo, sigue los consejos que vienen a continuación, prestando especial atención a la sección sobre quitarle lo malo al hecho de que te vayas.

Si tu perro está relajado y no muestra señales de estrés, no confundas su preferencia natural a estar cerca de ti con ansiedad de separación, así como tú eliges mantenerte cerca de algún ser querido, tu perro hace lo mismo contigo. La prueba decisiva para saber que está bien al quedarse solo, es cuando sales de la casa sin él, o si se puede quedar tranquilo en otro cuarto con la puerta cerrada. Si el perro acepta esto sin estrés, entonces no tienes ningún problema, sólo disfruta el hecho de que cuando estás disponible, te elige a ti para estar cerca.

Puede que algunas personas sugieran (y seguro lo has oído más de una vez) "cómprate otro perro… eso arreglará las cosas". Bueno, en la mayoría de los casos no es la solución porque puede que el perro no tenga miedo de quedarse solo, sino que se haya vuelto dependiente de ti, ya sea por su propia seguridad o por protegerte. Necesitas considerar todo para determinar cuál es el verdadero detonador.

Hay diferentes niveles de ansiedad por separación. Desde los perros que no les gusta estar en otro cuarto cuando tú estás en casa pero no tienen problema si te vas, hasta los que aúllan o ladran cinco minutos y listo, o los que no paran de aullar hasta que regresas.

Muchas veces basta sólo con cambiar tu rutina evitando los detonadores, pero lo más común es que la solución sea el proceso que proponemos a continuación. Y, créeme, aunque sea tedioso, vale la pena.

Puede que te hayan aconsejado que encierres a tu perro; esto podría evitar que tu cocina quede destrozada y no resolverá el problema que tiene tu perro. Pero no te preocupes, esto se puede solucionar de manera activa causando el mínimo de estrés para ti y para tu perro.

Como ya dijimos antes, poner música clásica suave puede ser muy útil; te ayudará, junto con las instrucciones simples que te daremos, a calmar a tu inquieto y peludo amigo.

Quítale el aguijón a la separación

Primero tenemos que desensibilizar a tu perro de todos tus movimientos. Con nuestras vidas ocupadas, siempre estamos haciendo una cosa y luego nos movemos a otra; levantarse, hacer café, irse al trabajo… y así todo el día. Si miras a tu perro cuando te levantas, lo estás invitando a que te siga. ¡Deja que el pobre tenga un descanso! Él no sabe por qué quieres que esté contigo cada una de las veces, pero le queda claro que no puedes funcionar sin él. Esto te pone en riesgo de crear un perro que no puede estar sin ti.

Tienes que romper estos hábitos. Recuerda que sólo porque tú hagas A no significa que seguirá B. Y es importante que sigas las reglas al pie de la letra, no le hables o mires a tu perro mientras completas estas actividades. Hacer contacto visual es invitar a tu perro a que se una a la actividad que escogiste. Cada etapa tomará mucho tiempo y esfuerzo para un perro muy estresado. No pienses que vas a pasar por las siete etapas en un día logrando resultados inmediatos. Si eres bueno en esto, puede ser que cures la ansiedad por separación en una semana o incluso menos.

1. Cuando estés sentado a gusto en casa (en el lugar que sea), asegúrate de que puedes moverte alrededor de tu asiento sin que tu perro reaccione.
2. Fíjate que puedas levantarte y sentarte sin que tu perro se ponga alerta. Por lo regular, cuando nos levantamos es que vamos a hacer algo. Bueno, pues levántate nada más para estirarte y luego vuelve a sentarte.
3. Camina a la puerta y regresa.
4. Gira la manija de la puerta y siéntate, asegurándote de que tu perro se tranquilice cada vez que regresas. Puede ser que tengas que sujetarlo con calma (página 91) o pasearlo tranquilamente (página 93) para lograr que se esté en paz.
5. Luego, vete del cuarto por dos segundos y regresa a tu asiento, sin mirar o prestarle atención a la reacción de tu perro. Le estás mostrando que puedes ir y venir sin que tenga que preocuparse o reaccionar.
6. Incrementa el tiempo que pasas fuera de la puerta durante segundos al principio.
7. Conforme aumentes (muy despacio) el tiempo que pasas fuera, si tienes la posibilidad, sal por una puerta y regresa por otra. Y hazlo sin contacto visual, sin hablarle y sin emociones.

Si tu perro se levanta o tiene problemas para tranquilizarse entre cada movimiento que hagas, entonces sólo llévalo a su cama y sujétalo con calma hasta que se relaje y se acueste. Continúa sujetándolo un ratito breve hasta que se relaje más. Al hacer esto le estás enseñando que en realidad no hay ningún problema. Tú estás completamente relajado y él también puede relajarse.

Vas a necesitar muchísima paciencia y tiempo en algunos casos, así que apégate al proceso, y tú y tu perro obtendrán su recompensa.

Si al regresar de cualquiera de tus salidas el perro está demasiado angustiado, quiere decir que te tardaste mucho. Regresa al tiempo que el perro podía manejar y parte de ahí. Llegará el momento en que el perro no reaccione a tu movimiento y se quede relajado donde esté. Y no te confundas pensando que tu perro sólo puede relajarse en su cama.

También es un buen ejercicio usar las puertas para que tu perro no pueda seguirte a todos lados. Así le mostrarás que no necesitas guardaespaldas, puedes cuidar de ti mismo.

La razón por la que lo vas dejando solo poco a poco es que el perro no tenga tiempo de alterarse y, cuando regreses, tu perro se tranquilizará más rápido porque no tendrá la adrenalina al tope.

Haz el proceso de "quitarle el aguijón a la separación" hasta que estés tan aburrido que quieras maldecirme… porque vale la pena si tu perro puede dormir tranquilo.

Así le enseñas que va a estar muy bien por su cuenta y que tú también lo estás. Puedes seguir con tu día sin que te sigan todo el tiempo y tu perro puede empezar a disfrutar la verdadera relajación si sólo tiene que levantarse cuando es en verdad necesario: para recibir un abrazo, salir de paseo o a jugar, a tomar agua o salir al jardín a echarse al sol.

Algo que ayuda mucho es combinar estos pasos con música clásica de fondo y esencia de lavanda en el área donde duerme tu perro. Pero no te confíes en que estos trucos van a solucionar las cosas por sí solos; tú debes hacer el trabajo.

Es fácil incorporar este método en tu rutina diaria como cualquier otra actividad. Por ejemplo, si estás sentado en una habitación y quieres servirte un café, entonces divídelo en tres o cuatro pasos en lugar de irte a la cocina a la primera. Sal del cuarto, cierra la puerta y pon a hervir el agua. Regresa sin prestar atención si tu perro se acerca. Cuando se tranquilice, vuelve a salir del cuarto y saca la taza; regresa igual que antes y vuelve a salir para ponerle el café a la taza. Regresa y sal de nuevo y para este momento ¡a lo mejor tienes que volver a hervir el agua! Todo es por una buena causa: el entrenamiento efectivo de tu perro. Es la ruta más larga para preparar un café, pero matas dos pájaros de un tiro. Al final consigues tu café y también habrás enseñado a tu perro una lección valiosa: que no lo necesitas todo el tiempo.

Si en la casa vive más de una persona, cuando la familia esté sentada viendo la tele en la tarde, túrnense en practicar cada uno el proceso de quitarle el aguijón a la separación. Al hacer esto, le mostrarán al perro que todos saben cuidarse solos. Si algún miembro de la familia sale del cuarto y el perro está ansioso o estimulado, cualquiera de los que se quedaron puede acercárselo y sujetarlo con calma sin decir palabra. De esta forma le muestran que no están preocupados por la persona que salió y el perro sentirá su tranquilidad.

Conforme todo empiece a tranquilizarse, pueden extender el proceso y salir de casa. De estar sentado leyendo el periódico, levántate y sal por la puerta. Cuando regreses después de unos segundos, siéntate y sigue con lo tuyo como si sólo hubieras ido al baño. Puedes alargar el tiempo antes de regresar o salir por la puerta del frente y regresar por la puerta trasera. Varios miembros de la familia pueden irse al mismo tiempo y regresar a intervalos de diez segundos o pueden ponerse de acuerdo para que unos entren por la puerta del frente y otros por la de atrás al mismo tiempo. El único límite para las variaciones es tu imaginación. El punto es mostrarle a tu perro que puedes irte a donde quieras, cuando quieras, durante el tiempo que quieras.

La razón por la que hacemos esto en silencio es que si hablamos podemos confundir al perro. Queremos que vea lo que estamos haciendo y no sienta que tiene un rol que jugar. Si dejas al perro en silencio comenzará a pensar por sí mismo y a modificar su propio comportamiento. Siempre hay que recordar que los perros no hablan, ellos observan y aprenden del ejemplo. Nosotros también aprendemos y confiamos en los ejemplos. Sólo porque alguien te diga que es el mejor en su trabajo no le vas a creer sino que esperarás a que te lo demuestre.

Cierra la puerta aunque sea por treinta segundos. Así le estarás diciendo, "no te necesito conmigo". Cuando la abras, le estás indicando que puede venir si quiere. Si tú lo necesitas y esperas que venga contigo a todos lados, entonces él lo sabrá y se volverá dependiente también... así todo el mundo está angustiado y nadie tiene descanso.

Mordisquear

Los mordisqueos son inaceptables tanto para los cachorros como para los perros adultos. Las mandíbulas de los perros son muy fuertes y podría llegar un momento en que pongan demasiada presión y te lastimen. Esto es muy importante si tienes hijos o si estás en contacto con niños. Recuerda que un mordisqueo a la persona equivocada puede ser interpretado como una mordida y te podrías meter en problemas.

Los cachorros aprenden a no morder fuerte. El doctor Ian Dunbar, reconocido entrenador de perros, dice que aprenden a inhibir las mordidas hasta las dieciséis semanas de vida, y ésta es la razón por la que da clases para cachorros de las cero a las dieciséis semanas de edad. Si un cachorro no aprende esto para entonces, el entrenamiento toma un camino distinto.

Si un perro mordisquea o te sujeta con su boca (antes de cumplir dieciséis semanas) grita "¡ay!" y aléjate, dejándole ver y oír tu disgusto igual que lo haría su madre o alguno de sus hermanos. Cuando un cachorro esté en lo suyo, llámalo otra vez hacia ti y acarícialo con calma con ruidos tranquilizadores y suaves, tienes buenas probabilidades de terminar con el comportamiento inaceptable más rápido. Pero si exageras con las caricias o los ruidos, más bien vas a alentar al cachorro y el resultado va a ser que mordisquee, pellizque con los dientes o salte. Si tu perro se alborota fácilmente, deberás aprender a ser más tranquilo cuando estés con él porque es muy fácil sobreexcitar a un perro sin querer.

Con un perro mayor de dieciséis semanas, cuando gritas "¡ay!" suenas como un animal herido. Se fuerte y sal callado del cuarto como hicimos en el nivel cuatro de la corrección silenciosa (página 123).

Perros sonrientes

Hay algunos perros que sí sonríen; han aprendido a imitar a los humanos y como su imitación obtiene una respuesta positiva en general, en la perspectiva del perro vale la pena seguirlo haciendo. Muchas personas piensan que son tiernos y les parece como la sonrisa humana de bienvenida. Un perro sonriente no está pensando en pelear, no gruñe ni tiene ojos feroces o un semblante agresivo.

Pero también ten en cuenta que, en general, cuando los perros muestran sus dientes, que son sus armas, están haciendo una advertencia. Cuando llamo a un perro ajeno hacia mí, me fijo en no mostrar mis dientes. Sonrío con la boca cerrada, con un tono de voz amable y con poco contacto visual. Así no le queda duda de que soy su amiga.

A empujones por las puertas

Si tu perro se te adelanta al cruzar una puerta, significa que no tiene ningún respeto por ti o por tu espacio personal. Si un perro respeta a otro, automáticamente se hará a un lado para dejar que el otro pase por un espacio estrecho. Mira a tus propios perros, ¿alguno se pone gruñón en las puertas? ¿Hay alguno que se haga a un lado para que pasen otros? ¿O todos se amontonan a distancias iguales? Es probable que muestren respeto el uno por el otro... ahora es momento de hacer que te respeten.

Yo le abriría una puerta a una persona mayor y me haría a un lado para que pase como señal de respeto. A mí me enseñaron a ser respetuosa. También debemos enseñarles a nuestros perros estas señales. No queremos que el perro nos rebase corriendo, pues podría empujarnos y hasta tirarnos la taza de café por los aires y a la abuela en el suelo con el fémur fracturado.

Recuerda que los perros quieren estar con nosotros y podemos usar esto en nuestro beneficio. Primero, usa las puertas de tu casa, deja de vivir a puertas abiertas (¡a menos que no tengas opción porque no tengas puertas!). Cuando te levantes para ir a otro cuarto, abre la puerta, reclama el umbral y ¡no te hagas a un lado!, o le estarás mostrando respeto a tu perro que va a interpretarlo como "por favor, después de ti".

Así que abre la puerta, pero no le pidas a tu perro que se siente o que te espere ahí. Queremos que el perro empiece a pensar en ti y no en lo que dices. Asegúrate de que nadie más esté en el cuarto cuando quieras regresar. Si el perro corre a rebasarte para ir al otro cuarto, no lo sigas. Sólo cierra la puerta con calma para que tú quedes de un lado y él del otro. ¡Me encantaría ver la cara de tu perro cuando hagas esto! Después de unos quince segundos, abre la puerta, hazte a un lado y sin decirle nada ni mirarlo, dale la espalda. Tu perro regresará a la habitación y quizá tengas que quitarte de la puerta para que pase.

No tardará mucho en darse cuenta de que tú no lo sigues a él y empezará a pensar cuál es su lugar y quién debe mostrar respeto a quién. Haz este ejercicio en casa y sin la correa, luego puedes empezar a practicar con la correa en la puerta de la calle para cuando salgan de paseo. Así, tu perro comenzará a mirarte, a pensar en ti y a dejar de atravesarse en las puertas.

Brincos

¿Por qué tu perro te brinca encima o a las personas que encuentran cuando salen a caminar? Está tratando de llamar la atención.

Puede ser una reacción nerviosa o una forma de decir "¡aléjate!" como un bóxer que me encontré una vez que estaba a un pasito de tomar medidas más agresivas. Es posible que nosotros no lo hayamos corregido de cachorro enseñándole la manera apropiada de acercarse. Si tú o tus hijos le brincaran a la gente no serían bien vistos ¿o sí? Así que ¿por qué dejamos que los perros lo hagan? Estoy segura de que a muchos no les da gusto que su mejor traje acabe en la tintorería, por no mencionar a los pobres que les temen a los perros y deben soportar el contacto físico tan escandaloso de tu cuadrúpedo amigo.

En el caso de los cachorros, éste es su comportamiento natural cuando su madre regresa, lamiéndole la boca para que regurgite su comida. Como nuestras cabezas están mucho más altas que las de sus madres caninas, deben brincar mucho más. Si alentamos este comportamiento, van a aprender que obtienen atención (buena o mala, el punto es que les haces caso), y esto se convertirá en un comportamiento demandante. Así, el perro no se autocontrola y está manejando la situación. ¿Quién tiene el control cuando regresas a casa o a una habitación? Pues tu perro, sobre todo si pide atención de maneras escandalosas y la obtiene.

Si esto te está sucediendo, cuando veas ese comportamiento, sólo empuja suavemente al perro hacia un lado (sin decir palabra y sin contacto visual), ya sea con un brazo o con tu pierna. Repítelo después si tu perro no entiende el mensaje. Si persiste, podrías ponerle una correa o lazo y hacerlo caminar en silencio para que pueda concentrar su mente. Esto logrará que el perro te vea y te siga; recuerda que quien crea el movimiento tiene el poder. Luego, con calma detente, suelta la cuerda y aléjate caminando. Puede que tengas que repetir esto algunas veces antes de que tu perro lo entienda. Como último recurso, sal del cuarto sin decir palabra y quédate callado durante diez segundos detrás de la puerta más cercana. Vuelve a entrar cuando el perro esté tranquilo y repite si es necesario. Es una batalla de ingenio y perseverancia; si eres perseverante, vas a lograrlo. Si no dices nada, ni en tono positivo ni negativo, entonces obtendrás la atención de tu perro.

Si se trata de cachorros (que tengan menos de dieciséis semanas), entonces déjalos en el piso y acarícialos con las cuatro patas en el suelo.

Si estás en el parque, tu perro debería tener puesta la correa y tú puedes guiar el paseo y alejarlo si es necesario. Si el perro corretea gente y les brinca en el parque, entonces no debes quitarle la correa (ya sea corta o larga) hasta que haya aprendido buenos modales, regrese cuando lo llamas y se concentre en ti.

Si al entrar a un cuarto tu perro no te da lata mientras cuelgas la chamarra y te haces una taza de café, entonces puedes llamarlo para darle un apapacho. De esta forma, su recompensa es que lo llames y lo acaricies por no estorbarte cuando no debe. Ahora el mensaje está claro y como resultado tardarás menos en llamarlo para hacerle un cariño.

Las personas a menudo comentan que cuando le dicen a su perro "abajo", su perro deja de brincar, pero siempre tienen que decirlo. ¿No es lindo no tener que decir "abajo" nunca más y que tu perro respete tu espacio personal sin que le tengas que decir nada? Y qué alivio no tener que reaccionar de inmediato porque te salte sin previo aviso.

Jalonear de la correa

Así que salen al paseo diario, tu perro se pone como loco cuando sacas la correa y ¡tienes que taclearlo para ponérsela! Tuviste que empezar el paseo dentro de la casa casi a punta de pistola antes de que puedas pensar en cruzar la puerta. Estás predisponiéndote al desastre más rápido de lo que dices "paseo".

Pasas de tacleadas a "estira y afloja" en segundos. Esto está muy lejos de ser la salida por aire fresco que pensabas disfrutar. Así que ¿por qué jala la correa tu perro?

- En general, porque no les hemos enseñado a no hacerlo sino que los dejamos jalar.
- Puede que lo hayamos intentado cuando eran pequeños y luego nos rendimos.
- Puede que tengas un perro que se pone nervioso con la correa, que se aferra a las bardas y cercas que se topan en el camino; puede ser que se resista a salir y una vez fuera jala de la correa todo el camino hasta que vuelve a casa aunque al principio no quería ni salir.
- Tu perro se ha dado cuenta de que entre más rápido lleguen al parque, más pronto puede empezar a divertirse.
- Puede que tu perro sólo quiera ser quien encabeza el paseo, echando un ojo por si encuentra algo de comida (ya sea cazando conejos o recogiendo algo de comida en la basura que se encuentre) y por si hay algún peligro.

Que jale puede lastimarlos, a ti y a tu perro (aunque si tienes un Chihuahua, a lo mejor tú no sales lastimado). Necesitas ser capaz de mostrarle a tu perro que es a ti a quien debe seguir y cuidar, y que estar a tu lado no sólo es divertido sino también seguro. "Heeling"[4] se enseña como si estuvieran jugando "sígueme", formando las bases lento pero seguro en un ambiente tranquilo y sin correa dentro de la casa donde no hay distracciones o preocupaciones. Ambos se pueden relajar y divertir aprendiendo quién debe seguir a quién.

---

4. Se refiere a que te siga caminando a tu lado sin importar si cambias de dirección [n. del t.].

El problema del jaloneo también se presenta porque, cuando salimos al paseo, vamos en línea recta y no le prestamos atención al perro. Por ir hacia delante en línea recta, el perro se concentra en la dirección y la velocidad y te ignora a ti.

No traigas tu celular o un libro en una mano y tu perro en la otra. Mejor sé divertido e involucra a tu perro, haz contacto visual, ten inventiva, cambia la dirección o cruza la calle de vez en cuando. Detente regularmente y siempre elogia y recompensa a tu perro cuando haga las cosas bien. Si empieza a jalar, detente; ¡no puede jalarte si tú no lo sigues! Cuando tu perro regrese a tu lado, elógialo y dale su recompensa. Convierte el paseo en una interacción divertida y en un juego de "sígueme".

Si practicas que te siga caminando a tu lado en un ambiente más o menos artificial como una explanada, puede se convierta en el único lugar donde el perro camina a tu lado y empiece a portarse mal cuando se van de ahí. Otra de las situaciones que hemos encontrado es cuando no podemos hacer que nos siga porque algo atrae la atención del perro más que el ejercicio, ya sea peligro, un olor o algún otro animal como un conejo (que son comida con patas para ellos). Mantén al perro ocupado pensando en ti y no preocupado por cualquier otra cosa. Échale un ojo a la sección sobre el paseo (página 93). Y recuerda que detenerse es tan importante como caminar para que el perro se concentre en ti.

Si ayuda, ten un juguete a la mano de esos que suenan al apretarlos para que te ayude a mantener su atención. Y prueba nuestro arnés *Happy At Heel* que ha obtenido muy buenas críticas en el Reino Unido. El arnés se sujeta al frente del perro y permite enseñarle a enfocarse en el dueño y a caminar suavemente a su lado. Tener la correa sujetada de esta manera permite corregir al perro suavecito y con poco esfuerzo, si es que se empieza a jalar hacia adelante. Si tu perro se abalanza o arremete hacia el frente, puedes girarlo para que quede frente a ti y no frente a aquello que lo distrae y así vuelves a captar su atención. Esto le muestra, sin estrés, que no tiene el control. Como puedes girar a tu perro rápido y sin esfuerzo, empezarás a caminar en la dirección que tú quieras como si nada hubiera pasado.

Así, tu perro aprenderá muy rápido que jalar o abalanzarse no tiene caso y empezará a buscarte para que lo guíes. Tú eres el que guía el paseo, no él.

Ladrar mucho

El repartidor trae el periódico en la mañana y lo echa por debajo de la puerta. El perro piensa: "¿Qué es esto? ¿Va a matarnos? Voy a ladrar, le voy a dar una lección… ¡voy a matar al periódico!" Los carteros y repartidores son buenas presas para los perros. Vienen siempre más o menos a la misma hora, suenan un silbato o claxon o hacen ruido en el buzón y echan cosas en él. El perro también desarrolla una rutina. A las 7:05 a.m. llega el repartidor y el perro le ladra: "¡Vete de aquí!" Y el repartidor se va. El perro piensa, "le di su merecido… ¡no va a acercarse de nuevo!"

A las 8:30 a.m., llega el cartero y todo se repite, y el perro siente que tuvo éxito al correr al atacante. Claro que ni el cartero ni el repartidor aprendieron su lección y regresan a la mañana siguiente a hacer las mismas cosas, lo que resulta una gran provocación para el perro y aumenta sus niveles de estrés. ¿Los humanos nunca aprenden?

Es tan simple como eso. Es fácil olvidar que los perros no entienden nuestro mundo y todo lo que sucede en él; ¿por qué habrían de entenderlo? Tenemos que mostrarles que el correo no es un problema para nosotros y que el cartero o las visitas no vienen a matarnos. Si no le damos importancia a algo, se volverá irrelevante; de la misma forma que si le damos importancia a algo irrelevante, se volverá un problema.

Si nos ponemos a gritar "¡cállate!", el perro pensará que te estás uniendo al combate y saltará o ladrará más y tú acabarás ronco y ¡con la cara roja de coraje!

Mejor veamos las cosas desde otra perspectiva y mostrémosle al perro nuestra gratitud por alertarnos de un peligro inminente y luego nosotros tomamos el control de la situación de manera relajada, tranquila y segura para que el perro sepa que nos estamos encargando de lo que él reconoció como un peligro y vea que puede quedarse como copiloto. "¡Qué alivio!", pensará tu perro.

Así que, el hecho de que tu perro ladre en la puerta de la calle es algo bueno, es una alerta de que hay algo ahí. Pero que siga ladrando y ladrando no sólo es molesto para tus vecinos y para ti, sino que quiere decir que tienes a un perro en pánico total que no sabe qué hacer y está desesperado tratando de alejar el peligro. Incluso si no puedes ver u oír nada que pudiera haberlo desatado, recuerda que sus sentidos del olfato y del oído son muchísimo más sensibles que los nuestros. Tú debes ser el adulto en la situación; toma el control y muéstrale a tu perro que todo está bien, que puedes hacerte cargo y que puede relajarse. Échale otro vistazo a la lista de Puntos importantes para lidiar con el peligro en la página 73.

Ladrando por atención

Si puedes ignorarlo, hazlo. Calma la situación volteándote hacia otro lado. Sal del cuarto, deja a tu perro dentro y vuelve a entrar cuando esté callado. Si ladra demasiado y tus vecinos están golpeando tu pared, entonces te recomiendo que hagas un paseo tranquilo sin hablar, sin contacto visual y sin emociones (página 93). No le digas nada a tu perro y repite si es necesario. Cuando él se rinda y ya no te ladre estando en la misma habitación, entonces llámalo, dale un apapacho y una recompensa.

Recuerda que deberás repetir cada uno de estos métodos las veces que sea necesario para que tu perro haga las cosas bien. Puede que vuelva a ladrar al día siguiente y al siguiente, pero mientras puedas detenerlo, no te rindas ni dejes de repetir el ejercicio. Si te rindes estás dejando que tu perro gane y obtenga atención en sus términos.

En esta etapa, si le das al perro algo para morder y que se entretenga, estarás reforzando su comportamiento. Obtendrá tu atención cada vez que ladre y tú responderás con comida; así te tiene tomada la medida. Te ha entrenado para responder a sus demandas.

Problemas en el coche

Muchos perros tienen conflictos para viajar en coche, desde una leve agitación o ansiedad, hasta la absoluta histeria. Usando las técnicas que presentamos en este libro serás capaz de resolver estos problemas. Incluso en casos extremos puedes superar la percepción negativa que tiene tu perro sobre viajar en un vehículo. Lo importante es que ¡no estás solo!

Tenemos un grupo de colegas y amigos en el hemisferio sur que hacen un trabajo similar al nuestro. En 2008, durante los terribles incendios de matorrales en Victoria (Australia), que dejaron a muchos humanos y animales muertos o heridos y casas y ecosistemas destruidos, muchos grupos (incluyendo a *PURE Dog Listeners*) se involucraron en el trabajo de rescate de los "Perros del incendio", como se les empezó a llamar. Ellos perdieron sus hogares y a veces a sus familias; algunos tenían diversas quemaduras y otras lesiones; y todos estaban traumatizados. Incluso si su familia entera había sobrevivido, no tenían dónde vivir y estaban batallando para cuidar a sus perros.

Los equipos de rescate viajaron incontables kilómetros para recoger a los perros y llevarlos a un lugar seguro donde se pudiera trabajar con ellos para quitarles el trauma, mantenerlos a salvo y, con suerte, reunirlos con sus familias.

Claro que en esas circunstancias, una de las primeras cosas que se tenía que hacer era trasladarlos en coche;

es más fácil decirlo que hacerlo. Estamos hablando de animales aterrorizados y quizá agresivos por el miedo.

Los rescatistas australianos escribieron una guía simple paso a paso para usar en estas situaciones que, con su gentil permiso, he usado para complementar nuestros propios métodos probados:

- Guía al perro caminando hacia el coche, poniendo atención en cambiar la dirección y deteniéndote varias veces, antes incluso de acercarse al coche, atrayendo la atención del perro hacia ti. Esto le recordará quién está tomando las decisiones que, en este caso, son acercarse y entrar al auto.
- También hace una gran diferencia si te tomas algunos minutos para bajarle la adrenalina al perro antes de hacerlo entrar al coche.
- Ten cuidado de no caer en la trampa de intentar tranquilizar al perro con palabras, sin importar que sean en tono suave. También evita acariciarlo, darle palmadas o incluso mirarlo.
- Para un perro que no conoces, el contacto visual puede ser percibido como una confrontación o, en el caso de un perro muy estresado, puede ser la gota que derrame el vaso. El contacto visual es el inicio de la comunicación y si se trata de un perro, verlo a los ojos va a confirmar lo que sea que esté pensando y lo que digas se vuelve irrelevante.
- Si vas a trasladar a un perro que no conoces, dale todo el espacio personal que puedas.
- Si es tu propio perro el que tiene problemas con el coche, sujétalo con calma (página 91) durante un ratito en la parte trasera del auto, puede ser que eso baste.
- La correa larga, aunque esté en el otro extremo del coche, permite poner un poco de tensión en ella en ciertos momentos para evitar que tu perro tenga reacciones exageradas.
- El simple hecho de poner la correa en tu hombro en lugar de sujetarla en la mano parece que tran-

quiliza a muchos perros porque sienten tu energía a través de ella. La correa también te permite aplicar un poco de presión suave y tranquilizadora si lo necesitas.

- Detenerse diez minutos en el camino, orillarse, abrir la cajuela y sentarte junto al perro dejando que tome agua si lo necesita puede ayudarle a reducir sus niveles de estrés. Esto ayudaría bastante rápido a los perros que empiezan a jadear de estrés porque puede romper con su estado mental y así dejar de hacerlo.
- Trasladarlos en transportadoras cubiertas y bien ancladas en el piso también puede contribuir porque así ellos no ven y pueden esconderse.
- Tal vez puedas probar cubrir las ventanas laterales con papel periódico de forma que tú puedas ver por el retrovisor pero él no tenga que ver todas las cosas flasheando por el camino.
- A muchos perros les va bastante mejor si los pones abajo, en el piso del coche.
- Atar al perro con un buen arnés para coche de forma que no pueda correr o revolcarse también ayuda.
- Cambiar la ubicación del perro dentro del coche puede hacer una gran diferencia.

Espero que algo de esto te dé ideas que puedas probar. Como puedes ver, la historia siempre es la misma, sin importar cuál sea el problema. Mantén a tu perro tranquilo y no lo dejes estresarse; ya lo ha hecho suficiente hasta ahora. Sólo tienes que ser alguien que, en silencio, dice todo con su mano y así ya no sentirán que el peligro los rodea.

Persiguiendo animales

Cuando sales a pasear con tu perro, él está convencido de que están cazando. Pero de seguro tú ya hiciste las compras de la semana ¡y no necesitas que él cace nada más! Tú perro no sabe eso.

Es probable que esté pasando un rato fabuloso mientras lidera y tú eres su fiel seguidor. Llamar a tu perro solamente le asegura que estás ahí y puede encontrarte cuando te necesite.

Muchos perros voltean a ver a sus dueños, se aseguran de que siguen ahí y luego continúan con su camino. Se contentan viendo que tú tratas de seguirles el paso en la cacería, a pesar de que los ven rojos de tanto gritarles que vuelvan.

Necesitamos que tu perro se sintonice contigo para que te siga en el paseo y no al revés. Si no tienes ganas de una sesión de persecución de ardillas, entonces debes cancelar la cacería. El líder dice "¡no!" y luego continúa con su apacible caminata. En vez de que tú y tu perro paseen cada quien por separado, ¿no te encantaría que caminaran juntos y disfrutaran la compañía?

Asegúrate de que tu liderazgo y tu llamado sean perfectos en casa y en cualquier otro lado en que pasees a tu perro antes de intentar una salida sin correa. Mejora poco a poco estas habilidades, y no esperes que sean perfectos a la primera cuando vayan por el parque, incluso si son perfectos en casa. Afuera hay muchas distracciones. No dejes que tu perro se aleje mientras tienes la esperanza de que haya entendido el mensaje.

Cuando tu perro voltee, cambia la dirección, o comienza a correr... sé divertido. También podrías esconderte. Tu perro vendrá y te encontrará. Mantenlo curioso.

Marcando territorio y defecando en la casa

Los cachorros hacen popó en la casa cuando recién los adquirimos. Pero, dentro de unas semanas, esperamos haberles enseñado dónde es correcto hacerlo (afuera, en un sitio adecuado). Los perros adultos y los cachorros hacen popó en momentos muy predecibles, por ejemplo: después de dormir, después de comer o durante sus paseos.

También te darán una señal si estás alerta y puedes notarla. Los perros más fáciles son los que se paran en la puerta y rascan o ladran un poco. Los más callados sólo van a la puerta y esperan que su dueño les abra. Los perros más jóvenes y los menos confiados pueden verse intranquilos y caminar en la casa. Si empieza a andar en círculos, entonces se está quedando sin opciones y no puede esperar más. Con cachorros, como con los niños, no existe aún la conexión con el cerebro que alerta de la necesidad de una pausa para hacer pipí. Incluso cuando la conexión se logra, si están muy entretenidos con el juego, pueden pasar accidentes. La mejor manera de evitar esto es eliminar el estrés tanto de ti como de tu perro. Maximiza las oportunidades de éxito y, al hacerlo, haz posible premiar a tu perro de manera legítima.

Cada vez que haya comido, llévalo afuera. Cuando haga del baño, prémialo. Si un cachorro se despierta, llévalo afuera y prémialo si hace del baño (en el lugar correcto). Si tiene un accidente dentro de la casa no digas nada y sólo límpialo. El cachorro pensará: "No obtengo nada si lo hago dentro, pero sí me premian si lo hago afuera." Pronto aprenderá. Si lo regañas, puede orinarse de miedo o puede pensar: "¡Ésta es otra forma de obtener atención!"

No castigarías a un niño ni a un viejito por tener un accidente. No lo hicieron a propósito. Para ellos es incómodo o tal vez sea bochornoso. ¿Para qué aumentar su malestar? Crecen, aprenden a controlar su vejiga y no hay problema. Es cuestión de paciencia y comprensión. Luego tú podrías hacerte viejo y perder el control de tus esfínteres. ¡Ten cuidado!

Con los perros maduros, esto es un problema de ansiedad (a menos que tengan una infección en la vejiga o un problema intestinal). Algunos perros detestan hacer fuera; incluso pueden esperar a que termine una larga caminata, entrar a casa y hacer del baño. Si un perro está preparado para entrar en acción en cualquier momento durante el paseo, no puede relajarse para hacer del baño. Tú tampoco podrías. Si tuvieras que detenerte a hacer del baño estarías inmóvil y vulnerable por unos momentos. Si no puede relajarse, es muy difícil ir al baño. Los perros son individuos y algunos, si son realmente ansiosos, tendrán movimientos relajados en la calle a pesar de que en el jardín de su casa no los tengan.

Algunos perros orinan cuando llegan visitas. Éste es un signo de nerviosismo o de ansiedad. Si tus visitas se mantienen alejadas de tu perro y no invaden su espacio, esto no pasará. A algunos perros les pasa con sus dueños si entran en el espacio de sus perros, en lugar de llamarlos al suyo.

Otros orinan cuando sus dueños salen. Eso puede ser un signo de que sienten ansiedad de separación o de que se han ido demasiado tiempo. Revisa la sección sobre la ansiedad de separación (página 146).

Marcado de territorio excesivo

Los perros marcan para decirles a otros que han estado ahí y es su territorio, a pesar de que sabemos que el territorio no es de nadie. Tu perro, al dejar mensajes como éstos todo el tiempo, se encuentra ocupado y no se está relajando en este momento de diversión. Está demasiado atareado en decirle a todo el mundo dónde está o dónde ha estado. Cuando más intensa sea la marca más posibilidades tiene de viajar con el viento y llegar más lejos. Todos hemos visto a los perros orinar postes de luz tan alto como pueden para asegurarse de que su mensaje llegue a tantos perros como sea posible.

Supongo que podrías comparar esto con repartir volantes para que la gente conozca tu negocio. El punto es que estás trabajando, no divirtiéndote.

Enséñale a tu perro que no necesita hacer este trabajo. Si te quiere jalar cerca de un poste, una pared o algún otro punto, no dejes que él determine tus movimientos. Para empezar, tu perro está orientando la caminata y, por tanto, domina. Y para acabar, está haciendo el trabajo innecesario de anunciarse como el chico malo de la cuadra.

Sólo guíalo en silencio hacia otra parte mediante el cambio de dirección. Prémialo cuando esté junto a ti. También puedes darle un premio al principio y luego caminar. Así le enseñarás que no es necesario marcar su territorio. Por fin, estará de paseo y no en una sesión para marcar fronteras.

Las perras marcan igual y la solución es la misma.

Es recomendable que tu perro no olfatee tanto. Si es agresivo, le estarás diciendo: "No te preocupes de que un perro grande estuvo aquí hace media hora… ¡vamos a divertirnos!" Dejar que lo haga sólo lo preocupará por olores que no tienen importancia. Es bueno que olfatee, pero hay que escoger bien el lugar para que lo haga. Sería mucho mejor que huela las flores del parque en lugar de estar revisando las fronteras que marcaron otros perros.

Atacando a la aspiradora

Primero, recuerda que tu perro no entiende qué es esa bestia tan extraña, móvil y rugiente. Y puedes estar seguro de que nunca lo hará. Asegúrate de que tu perro esté relajado antes de que empieces a aspirar y obtendrás una mejor respuesta.

- ¿Por qué no tenerla en la habitación como un adorno más para que el perro se acostumbre a ella? Pasa cerca cotidianamente y tócala.
- Cuando pase un tiempo, camina cerca de ella, préndela, apágala y aléjate. Cuanto más lento lo hagas, será mejor.
- Cuando aspires, comienza en la parte más lejana de la casa y lejos del perro. Si vives en una casa pequeña y no es posible hacer esto, entonces evita empujar la aspiradora hacia él. Es mejor que tu perro este detrás de ti.

• Si tu perro se estresa mucho con esta actividad, tal vez sea mejor separarlo al principio con una reja para bebé. Cuando se altere, detente, cierra la puerta y continúa cuando esté tranquilo.

Con estos problemas, es mejor si tratas de resolverlo cuando te hayas familiarizado con los cinco principios básicos de *PURE Dog Listeners* (página 47). Esto le dará tiempo a tu perro para comprender de dónde vienes y que confíe en ti.

Asegúrate de que haya modo de que el perro escape. Si decide irse mientras tú limpias, podrá hacerlo. No debes obligarlo a estar presente. Lo mismo sucede con la podadora.

Evitar el juego

Si no puedes relajarte, será difícil que juegues y te diviertas. Los perros son animales muy juguetones, aprenden jugando; pero si tú estás muy ocupado con todas las cosas que debes atender a diario, es probable que ni siquiera pienses en el juego.

Trata de alejar tus preocupaciones y entonces tu perro se relajará y aprenderá con los juegos que hagas. Se dará cuenta de que jugar siempre es divertido. Algunos perros juegan en su casa, pero no fuera. Se sienten seguros en su hogar, pero en la calle pierden la confianza. Ayúdale a estar tranquilo y haz que salga el perro amoroso y feliz que lleva dentro.

"Sígueme" es un buen comienzo. Corran, pasen un buen rato. Déjense llevar.

Persiguiendo su cola

Es otra conducta que adquieren cuando no tienen nada qué hacer. Seguramente lo hizo cuando era un cachorro mientras todos reían. Como obtuvo una buena reacción, ahora sólo repite la rutina.

En muchos casos, se convierte en una obsesión y se puede evitar si le pones una correa a tu perro y lo sostienes mientras se tranquiliza. Recuerda hacerlo sin contacto visual, sin hablarle y sin emociones. Repítelo cuando sea necesario. Aguanta y de seguro se resolverá en poco tiempo.

Persecución obsesiva de reflejos y sombras

Como con todas las obsesiones, no premies a tu perro con tu risa. Seguramente así empezó la conducta. El reflejo de tu reloj y del sol pueden ser muy entretenidos. Si les das importancia, tu perro les dará importancia. Ellos no entienden qué es, pero como se lo mostraste, entonces él cree que son relevantes. Algunos sólo tratan de atraparla, pero otros se intranquilizan y ladran a los reflejos. Si es un problema, entonces hay que resolverlo cuanto antes.

Para detener esta conducta, sólo guía en silencio a tu perro a un lugar donde no haya reflejos. Si es necesario, hazlo varias veces al día o distráelo. Si tu perro está muy alterado, dale un paseo tranquilo (página 93) lejos de la distracción. Después lo puedes calmar sosteniéndolo y, finalmente, relajarlo.

Hoyos en el jardín

Es muy raro que los humanos acepten la conducta normal de algunos animales, pero no de otros. Cuando conejos, gatos o pollos cavan, no hay problema. Cuando un perro lo hace, actuamos diferente. Pero él sólo se comporta como es, como los demás animales.

Nunca nos molestamos cuando lo hacen otros pero sí con los perros (tal vez porque los hoyos son más grandes).

La otra razón, por supuesto, es porque esperamos que los perros obedezcan a los humanos y que incluso adivinen nuestros pensamientos. Además, amamos decirles a nuestros perros lo que deben hacer. En lugar de esto, intenta algo nuevo: en vez de hablarle, escúchalo. Escucha a tu perro con pureza y te sorprenderás de lo que oirás.

Tus plantas pueden ser tu orgullo cuando llega la primavera y tu perro se cree jardinero... Sin embargo, no tiene buena mano y todo lo que ha rediseñado se ha vuelto una pesadilla. En estas circunstancias, debes hacer lo siguiente:

- No hagas mucho drama por esto, porque tu perro habrá ganado tu atención y de seguro la próxima vez hará un hoyo más grande.
- Sin importar cuán enojado te sientas, sólo toma a tu perro del collar y llévalo a otra parte. Dale un paseo tranquilo (página 93), luego suéltalo en otra dirección y, al final, limpia su desastre.
- Si tu perro quiere que lo persigas, detente y comienza a limpiar sin hacerle caso.
- La próxima vez que esté en el jardín, asegúrate de tener una larga correa fija a su collar. Así podrás sostenerlo.
- Si tu perro se dirige a tus flores, aléjalo y sostenlo por uno o dos minutos en silencio. Luego suéltalo. Aléjate. Cuando quiera acercarse a tus flores, llámalo y cuando venga prémialo.
- Enséñale que de la destrucción no obtiene nada y sí consigue cosas de todo lo bueno que hace. Si tu perro tiene historial de mala conducta en el jardín, no lo dejes sólo en ese lugar. Ya vendrá el tiempo en que puedas confiar en él.
- También puedes enseñarle algún lugar del jardín donde sí pueda escarbar.
- Con un cachorrito que no tiene aún la conducta obsesiva de cavar, podrías sólo llamarlo y mostrarle otra cosa que hacer. En cualquier caso, no debe obtener atención por escarbar.

Apapachos

No todos los perros disfrutan los abrazos y los apapachos, especialmente de los extraños. Como dije antes, a todos nos gusta un buen masaje, pero no dejaríamos que cualquiera nos lo haga.

Los perros tienen distintas personalidades, gustos y disgustos. Sólo porque es perro y es peludo, no significa que le guste cualquier fulano que se acerque. Sé considerado y mantente atento a su lenguaje corporal. Es común ver presentadores de televisión acercándose a perros extraños, ¡es una fortuna que no los muerdan! Acercan mucho sus caras, tratan de besarlos y abrazarlos. Es posible ver el miedo en los ojos de los perros, pero muchos logran sobreponerse y por suerte no atacan.

Algunas personas dicen que a su perro no le gustan los apapachos. Pero la razón es la misma que cuando no juegan o no se relajan. Están demasiado ocupados o estresados. Cuando consigas quitarle estas preocupaciones ¡te darás cuenta de que tu perro es en realidad muy empalagoso!

Remilgosos con la comida

Desde mi perspectiva, no existen los perros remilgosos, sino que nosotros los hacemos. Es cierto que a algunos perros les gustan más algunas comidas y prefieren no cambiar. Trata de alimentarlos de forma variada, si quieres, dándoles restos de carne y vegetales (sin sal extra).

Los perros son oportunistas y cazadores. Hay algunos que te manipularán para que les des la comida que quieren y cuando la quieren. Come alguna cosa por una semana y luego ya no, mientras mira con ternura tu milanesa o tus papas fritas. Si el perro come algo de eso, entonces podrá malcriarse.

Si el perro te lleva por ese camino, entonces habrá logrado entrenarte... Una vez tuve un cliente que todos los días iba al mercado a comprar los mejores cortes de carne para que su perro desayunara.

Después de una semana de entrenamiento, el perro comenzó a comer lo que le ofrecieran y la lista gourmet quedó en el pasado. El perro incluso era más feliz, se veía más saludable y la vida de su dueño era mucho mejor. ¡Cuando un perro caza en estado salvaje, su presa favorita no es el chorizo, ni la cecina, ni el pollo rostizado!

Algunos perros no pueden comer en las mañanas porque están demasiado ansiosos pensando lo que les darás durante el día. Hay casos en los que pierden el apetito por algún cambio en la casa. Sin importar la razón, la solución es muy clara.

Si tú estás relajado, puedes comer, y si no estás tratando de demostrar algo o de tomar el control sobre la situación, también puedes comer. Hay cinco momentos en el día en que puedes notar si tu perro toma decisiones. Échale un vistazo al capítulo sobre la alimentación (página 53) para que comprendas bien este asunto. También piensa que si esta actitud acaba de comenzar, tu perro puede estarse sintiendo mal o tener un problema con su boca o con sus dientes. Revísalo.

Los perros no deben tener control todo el día sobre su plato de comida. Les da ideas equivocadas.

Ansiedad por ruido

Tu perro puede asustarse de muchas cosas como las fogatas o los ruidos extraños. Mucho depende de su personalidad, pero otro tanto depende de que le enseñes que no importa cuánto se asuste, tú estás ahí para apoyarlo. Entonces tu perro podrá estar tranquilo y relajarse. Es decir, cuando se estresa con los fuegos artificiales del 15 de septiembre, lo más importante es lo que hagas tú.

Cuando nos ponemos nerviosos, es bueno que alguien nos abrace o que nos diga unas palabras de alivio. Pero tu perro no es humano, y hablarle o tratar de apapacharlo sólo hará que las cosas se pongan peor. Si haces esto, le habrás dado atención por su conducta y la reforzarás.

Un aspecto clave es no interactuar con tu perro cuando esté estresado. Al principio puede ser difícil, pero con el tiempo se hace una cosa cotidiana. Si tu perro corre a una esquina temblando, no le hagas caso. Si el perro se te acerca corriendo, sólo sostenlo con calma (página 91). Toma su collar, acércalo a ti y coloca tu mano sobre su lomo. Después de este contacto leve, espera a que se relaje. No lo abraces ni lo estimules de ningún modo. Trae a tu perro, siéntate sobre el sillón y pon tus pies sobre su costado. Tú estarás relajado y tu perro lo entenderá. Si no estás preocupado, entonces tu perro tampoco. Si alguna vez has estado con alguien que ha sufrido alguna pérdida importante, te habrás dado cuenta de que basta que tomes su mano y no digas nada para reconfortarlo. Con esto dices silenciosamente que estás ahí. Como dice Ronan Keating: "Lo dices mejor cuando no dices nada."

No es sólo el ruido de los truenos lo que puede estresar a tu perro; se agitará antes de que llegue la tormenta. El ambiente cambia. Incluso algunos humanos tienen dolores de cabeza antes de una tormenta: trata de proyectar calma.

Algunos perros no reaccionan a los truenos, pero son muy sensibles a los fuegos artificiales. Puede ser que hayan tenido una mala experiencia (o puede ser que no). Las tormentas asustan: hay ruidos muy fuertes y silbidos muy agudos. Pueden ser demasiado para un animal con oídos muy agudos.

Viviendo con otros perros y gatos

En general, no hay problema en integrar un cachorrito a un grupo. Lo problemático es cuando tratamos de salvar a alguno de los animales de la casa. Si un perro se lanza en una carrera contra el gato, no te alarmes: de seguro el gato encontrará cómo evadir al perro. Sólo aléjalo y no hagas drama.

Para que los animales se lleven bien, debes pensar en algunos puntos clave. Por ejemplo, toda vez que sea posible, dale al gato algún lugar para que huya fácil. Puede ser algún rincón o habitación en la que no pueda entrar el perro. Se puede reforzar la conducta de estar "fuera de los límites" con una puerta para bebé o algo parecido. Alimenta al gato en su zona de seguridad para reducir el estrés. Lo normal es que el perro vaya tras la comida del gato porque está disponible más tiempo que la suya. El perro puede elevar su categoría si se la come. No le des esa oportunidad.

Para enseñarles a convivir, implementa esta estrategia. Necesitarás dos personas; tu asistente debe esperar en otra habitación con el perro.

- Ten a tu gato en una habitación contigo. Si es posible, mantenlo sobre tus piernas mientras lo acaricias, pero que no vea hacia la puerta por la que entrará el perro.
- Tu asistente debe hacer que el perro lo siga con alguna seña que signifique "sígueme". El perro debe enfocarse en lo que hagan los humanos y no en lo que sucede a su alrededor.
- Tu asistente deberá entrar en la habitación donde estás con el gato. Si el perro lo mira por un instante, tu asistente deberá salir con él de la habitación.
- Repítelo hasta que el perro entre y se recueste (con la correa puesta) ignorando al gato. Luego permite que el gato se mueva.
- Si el perro reacciona con el movimiento del gato, tu asistente deberá salir de la habitación de nuevo. Repítelo hasta que aprenda la lección.
- No te apresures; suele tomar tiempo. Mantente en calma, sé el líder y muestra que no aceptarás mala conducta. Tú debes decidir quiénes serán parte de la familia. Recuerda que, a pesar de que puedes

enseñarle a los perros que cualquier gato que tú traigas es un miembro de la familia, no dejarán de ser escépticos acerca de los gatos extraños.

Tallarse el trasero

Todos hemos visto a algún perro hacerlo: arrastran su trasero por el piso como si estuviera en las olimpiadas de invierno, pero sin tobogán. Este problema es común y tiene una solución sencilla. De seguro algo en su ano está alterado y necesita arreglarse. Una rápida visita al veterinario lo solucionará. Incluso podrías ayudarle en la casa, si te gustan las aventuras. Yo digo que si lo intentas una vez, la próxima seguro lo llevarás al veterinario tan pronto como sea posible. ¿Y huele mal? Sí, huele mal. Tal vez convenga aclarar esto: "¡Sí, de verdad huele mal!" ¿Al perro le molesta? Una vez que se arregle sentirá un gran alivio, pero el proceso puede incomodarlo. ¿Acaso tú podrías platicar muy calmadito acerca del clima mientras examinan tu trasero?

Tallar el trasero también puede ser signo de que tiene parásitos, así que asegúrate de que lo revisen a menudo.

Comiendo heces

Hay muchas teorías sobre la coprofagia (comer heces). Puede ser debido al miedo: para ocultar a los humanos que lo hicieron porque antes han sido castigados, o para ocultar su presencia de otros perros. Si el perro lo hace, puedes añadir piña o calabacita para que sea terrible su sabor. ¡Como si antes supiera bien! Recuerda incluir la piña o la calabacita en la comida del perro, no después de que la haya defecado. Algunos dueños que he conocido esperan a que el perro defeque y tan pronto como lo hace corren a ponerle piña a su popó... ¡Como si fuera un pastel y necesitara coronarse con una cereza! Esto no funciona a pesar de ser muy pintoresco. Mejor dale la piña o la calabaza para que la digiera.

También podría ser que el perro no esté recibiendo todo lo que necesita de su comida actual, sobre todo si está creciendo. Para darte una idea, pregúntate: "¿Se ve saludable?, ¿está creciendo a un ritmo adecuado?, ¿su popó es firme y no huele?" Si no estás seguro, llévalo al veterinario.

Si decides cambiarle la comida, hazlo poco a poco. Ve combinando un poco de la nueva con la antigua. Cada vez aumenta un poco más la comida nueva hasta que hayas sustituido toda la anterior. Antes de que tomes esta decisión, trata de darle yogur con la comida para mejorar su flora intestinal. Podría haberse dañado con el uso de antibióticos o alguna cosa similar. Las bacterias del yogur mejoran la absorción de los nutrientes de la comida. También puedes pedirle consejo al veterinario.

Montando

Cuando tu perro decide montar la pierna de alguien, los humanos nos impactamos y apenamos. Pensamos: "¿Por qué lo hace?" La respuesta es simple. Es un perro y ellos hacen eso. No tienen nuestros reparos. Toman cualquier conducta porque piensan que es la conducta adecuada para las circunstancias. Tanto los perros como las perras montan; no importa si están castrados. Lo harán con perros del sexo opuesto o del mismo. Lo harán con sus camas, con sus juguetes, con sus cojines favoritos y, por supuesto, con los humanos.

La mayoría de los dueños sometidos por sus perros a estas demostraciones dicen que ocurre mucho más seguido cuando tienen visitas, en especial, cuando están tratando de dar una buena impresión. El párroco va a tomarse un café o el jefe va a cenar cuando hay un ascenso en la mira y, tercera llamada, el perro comienza con su show. Nosotros nos enojamos y le gritamos. O puede que queramos que nos trague la tierra y hacemos como que no pasó nada. A veces el susodicho intenta alejarse con disimulo. ¡No tan rápido! El perro sigue abrazado a su pierna y lo llevan arrastrando por todo el cuarto.

Así que, ¿por qué lo que hace el perro causa tanta incomodidad a los humanos que no dejan de ver sus intentos amorosos con el párroco? O está buscando atención o se le cuecen las habas. Lo que el perro le dice a la audiencia es: "¡Oigan todos! ¡Miren hacia acá! Perfecto, ya dejaron de hablar con el párroco y ahora están hablando conmigo, quiere decir que soy todavía más importante de lo normal y estoy aprendiendo cómo llamar su atención. ¡Esto de entrenar a los dueños es pan comido!"

Este comportamiento también se ve mucho en los perros cuando la dinámica en la habitación cambia y se ponen ansiosos. No saben bien qué hacer consigo mismos, como cuando se persiguen la cola y empiezan a montar a su amigo perro o al cojín.

De nuevo, sólo es cosa de ver lo que el perro ve en cada situación para resolverlo. Basta con que detengas a tu perro de la correa alejándolo de ti y esperes a que se apacigüe, repitiéndolo si es necesario. Otra vez, no hagas contacto visual ni le hables porque esto lo percibe como aliento o recompensa.

La castración muchas veces no ayuda, en mi opinión, porque el problema por lo general está en su cabeza y no en sus partes bajas, a menos que, claro, haya una perra en celo o vaya a entrar a dicho periodo. Bien podría caber la posibilidad de que tenga mucha testosterona, pero mejor que castrarlo y no funcione, prueba a corregir primero el comportamiento.

Si la castración fue sugerida por un problema de comportamiento, ¿por qué no probar primero con una castración química para ver si ayuda? Al menos con este método, si la situación empeora, ya sean los intentos por montar o la agresión, los efectos pueden revertirse. Si lo castran quirúrgicamente, ya no hay marcha atrás.

Muchas veces los humanos consideran la castración como la cura de todos los males, pero no lo es. Una castración prematura, antes de que el perro haya terminado de desarrollarse mental y físicamente, puede causar más problemas de los que se intenta resolver con la cirugía. En algunos casos, ni siquiera resuelve el problema original.

Conforme los cachorros maduran, entre los seis y ocho meses, sus niveles de testosterona aumentan mucho más que los niveles de un adulto y esto puede provocar la monta. Conforme entran en la adultez, la testosterona baja a los niveles normales, así que no te precipites a castrarlo. Intenta tratarlo con los consejos de arriba. Puede que empiece como una cosa de la adolescencia y se convierta en una forma de llamar la atención, si no lo corriges bien.

11

Perros rescatados

Tengo tres perros que han sido rescatados y todos venían con sus problemas particulares. Son un encanto a su manera y me han enseñado que la paciencia y la amabilidad tienen su recompensa. También trabajo para un centro de rescate en Dorset que ayuda a atender sus problemas de comportamiento y a asegurar que encuentren un hogar para el resto de sus vidas.

Algunos perros han sido maltratados y otros sólo están confundidos. Unos han estado en muchas casas, otros sólo en una. En cualquier caso, han llegado al refugio por diversas razones. A muchos de estos perros los compraron por ser bolitas pachonas de diversión cuando tenían alrededor de ocho semanas de edad. Conforme un perro crece, comienza a necesitar más comida, más ejercicio y más tiempo. También pueden haber presentado problemas de conducta que son inaceptables para sus dueños, quienes creen que algunos conflictos son incorregibles.

Algunos perros han perdido la habilidad de comunicarse con los suyos, o se niegan y son incapaces de comunicarse con los humanos, ya que quizá los castigaron por hacer cosas de perros, o nunca recibieron un trato humano amoroso. Aquí es donde encontramos perros que son introvertidos, retraídos, cerrados o aislados.

Reacomodar a estos perros en una casa no siempre es fácil, pues la gente tiende a pensar que los perros mayores no se pueden entrenar, pero no siempre es el caso. Recuerda que *se puede* "enseñar trucos nuevos a un perro viejo". Así que ten en mente que si adquieres uno rescatado, puede ser que necesite más tiempo para tener confianza. No te enfoques en su pasado, quizá nunca sepas cuál fue de todos modos, pero comprende su nerviosismo a través de la compasión, la calma y la paciencia.

Todos los perros merecen que se les entienda. Siempre que me llaman para atender a un perro con problemas de conducta, se marca una línea muy clara desde ese día: lo que pasó ya pasó. Conocer el pasado es muy útil, pero si no está a la mano tratemos con los problemas del presente y enfoquémonos en el futuro. Trabaja con tu nuevo amigo y muéstrale al perro que está sano y salvo en su nueva casa. Es una sensación que todos los caninos merecen y nosotros les debemos dar.

Llevar a tu perro rescatado a casa

CONTACTO VISUAL

En el mundo de los perros, el contacto visual es un medio de comunicación, así que no te le quedes viendo al perro o lo harás sentir incómodo, ya que los caninos no se ven cara a cara y le puede parecer retador. Tu perro también puede pensar que quieres que haga algo para ti, así que no se podrá relajar. No veas a tu perro todo el tiempo, dale un descanso.

CALMA EN EL CARRO

Coloca al perro en un lugar seguro dentro del carro y maneja a casa. Éste no es un momento para querer tranquilizarlo, ya que sentirá que tú también estás preocupado. Por supuesto, puedes poner tu mano en su espalda para darle confianza (sin cosquillas), esto crea una buena conexión que lo tranquiliza porque así siente que tu pulso está calmado.

ZONA PARA IR AL BAÑO

Lleva al perro directo al lugar donde quieres que haga sus necesidades. Dale tiempo y espacio para que haga y felicítalo si lo hace bien.

LUGAR PARA DORMIR Y TOMAR AGUA

Muéstrale la cocina a tu perro y espera un poco para explorar sin hacer escándalo. Mantén la calma y dale tiempo de ajustarse a su nuevo ambiente. No dejes que explore toda la casa, sería demasiado abrumador.

UNA ADAPTACIÓN LENTA Y GENTIL

Durante los primeros días trata de despreocuparte por el perro lo más que puedas. Dale tiempo de ajustarse a su nuevo ambiente sin que se sienta presionado por hacer algo. Llámalo para consentirlo y darle un premio, pero no lo atosigues. En este caso, menos es más.

LAS PRIMERAS NOCHES

Si prefieres (no es obligatorio), está bien que dejes que tu perro se duerma al lado de tu cama la primera noche. Esto puede servir para tranquilizar a los dos. Luego ve moviendo al perro hacia el pasillo, hacia las escaleras, debajo de ellas, y, finalmente, al lugar donde deseas que duerma las próximas semanas.

Encuentra una camiseta o un suéter viejo y sin lavar y ponlo en la cama del perro. Esto lo tranquilizará con el olor de la nueva familia.

LAS PRIMERAS DOS SEMANAS

No hay prisa para sacar al perro a que explore todos los lugares por donde caminas o para llevarlo a todos los lugares que visitas. Puede ser que nunca antes haya visto un patio. Así que ve lento, preséntale los lugares poco a poco durante el primer par de semanas. ¿Por qué no sólo lo dejas entretenerse en la casa y el jardín para que se familiarice contigo y con su nuevo hogar? Tu tiempo estará mejor invertido haciendo que el perro te tenga confianza a través de los métodos de este libro.

No todos los problemas de conducta se presentarán por lo menos durante las primeras ocho semanas. Los perros se vuelven muy diferentes una vez que entran en confianza y se relajan.

Tu nuevo amigo necesita tiempo para adaptarse, para quitarse la presión de encima, quizá sólo quiera dormir. Enséñale a ir cuando lo llamas, en la casa y en el jardín y muéstrale un trato amable. Sé paciente y dale a tu perro tiempo para acoplarse.

Si el perro ha estado en un hogar temporal, seguro habrán paseado al perro y sabrán si es bueno con la correa, si persigue gatos, si es bueno con los niños, si no se espanta con los carros o si no le ladra a las bicicletas. Los buenos centros de rescate evalúan a los perros por un par de semanas, se aseguran de que esté sano y atienden bien su comportamiento.

Todos los centros de rescate querrán revisarte; revísalos tú también, asegurándote de que recibirás ayuda y consejos constantes si así lo necesitas.

Perros poco comunicativos

De vez en cuando me encuentro con perros que han sido afectados de manera severa en su pasado. Algunos se cierran por completo, no dan respuesta o se retraen. Según mi experiencia, esto se debe con frecuencia a:

- Haber sido parte de un grupo grande de perros y haber sido acosado para alejarse, haciéndolo creer que evitaría problemas si agacha la cabeza.
- No haber tenido ningún contacto humano, o haber estado en una casa donde el perro se sienta muy reprimido.
- Haber sido castigado por ser perro y hacer cosas de perros.

- No haber tenido ningún contacto con humanos ni con perros.

Estos animales necesitarán aún más paciencia y tiempo; necesitan acostumbrarse a las cosas que suceden a su alrededor sin sentir presión de hacer algo, ni siquiera el recuerdo. Necesitan tiempo para sanar, escuchar y observar.

Yo empezaría sólo con la alimentación y, en vez de dejarle un plato de comida en la cocina, le pondría un pedazo de pollo cerca para que lo pueda mordisquear y llevárselo a la cama a comérselo seguro.

El pollo es un bocadillo delicioso para tentar a un perro que se niega a comer porque tiene mucho miedo de salir de su escondite. No es un anzuelo para promover el contacto. Así que salte del cuarto una vez que lo hayas dejado: luego, cuando empiece a salir, párate en el pasillo pero de espaldas, poco a poco ve acercándote para estar en el mismo cuarto y toma las cosas a partir de ahí.

Si está en un lugar salvaje y atrapa o caza algo, lo llevará a un lugar seguro para él. Recuerda: no hay que dejarlo dormir al aire libre sin estar protegido por camuflaje o por sus amigos.

Hay que hacerse notar, caminar por el cuarto o quedarse en el lugar donde está su escondite, sin hacer contacto, más bien enseñándole que tienes todo el derecho de estar en ese lugar.

Asegúrate de que el perro tenga un lugar para dormir alejado del tráfico diario de la casa; una esquina en la cocina es un gran lugar. Un cajón con una cobija encima y a los lados es ideal, o una cama debajo de la mesa. Haz que este espacio de dormir sea un área de paso restringido excepto para tu perro. También asegúrate de que no esté frente a la puerta, para que la gente no lo mire de forma automática al entrar.

12

Los niños y los perros

Todos los niños deberían tener una mascota, de preferencia un perro. Las mascotas, y los perros en particular, les enseñan a los niños muchas cosas: a preocuparse por otra criatura sin ser egoísta, a ser leal, e incluso por los hechos de la vida... y la muerte. Todo esto hace a los niños más capaces de interactuar, no sólo con los animales sino también con los humanos y les permite transformarse en adultos solidarios y equilibrados.

Si decides llevar un perro a tu hogar con los niños, es importante que los dos, niño y perro, reciban ciertas pautas. Se recomienda enseñar a los niños cómo interactuar con el nuevo miembro de la familia antes de llegar y se sienta abrumado por los entusiasmados compañeros de juego.

Los siguientes consejos pueden ser útiles y se les deben resaltar a los niños en casa:

- Trata a un perro como te gustaría que te trataran, no le jales las orejas o la cola. Nunca le grites, el perro no olvidará cómo lo tratas.
- Aunque parezca amable, no te acerques al perro. Si quiere ir contigo, lo hará.
- Evita las cosas que puedan amenazarlo; por ejemplo, arrinconarlo en una esquina, correr hacia él, gritarle.
- Nunca veas al perro a los ojos, puede tomarlo como una invitación a pelear.

- No te acerques a su cola, no se la jales o la pises. La usa para expresar sus sentimientos.
- No molestes a un perro cuando esté comiendo y nunca intentes quitarle la comida, la defenderá de forma instintiva.
- Cuando juegues con él, no lo acaricies cerca de los dientes. Al perro le gusta agarrar cosas y puede ser que agarre tus dedos.
- Nunca trates de separar a perros que se están peleando; ve a buscar ayuda de un adulto que conozcas.
- Si acaso estás asustado, nunca corras, lo puede tomar como una invitación para perseguirte.
- Tú tienes dos manos, tu perro sólo tiene sus dientes para abrazarte. Con frecuencia puedes pensar que quiere morder, pero puede ser que sólo quiera abrazarte.
- Sólo juega con un perro cuando haya un adulto, los perros los respetan más porque son más grandes.
- Nunca juegues a forcejear con él. Se puede salir de control.
- Ningún perro es igual a otro; tienes que aprender a conocerlos. Trátalos con amabilidad, gentileza y gánate su respeto.
- Si esperas tener unos cuantos niños en casa, pon al perro en un lugar seguro. Si los niños se emocionan demasiado con el nuevo miembro, dales espacios separados para que respiren. Tu amigo de cuatro patas te lo agradecerá.

Los bebés y los perros

Recibo varias consultas de dueños de perros que están preocupados porque están o acaban de tener un bebé. Con frecuencia un amigo "bien intencionado" les mete el peor de los miedos a los padres con historias de "perros asesinos", así que les aconsejan deshacerse o destruir por completo a su mascota. "El perro se pondrá celoso…", les dicen.

La verdad es: no habrá ningún problema si les das la información adecuada tanto al niño como al perro. Es maravilloso ver los vínculos que se crean entre niños y perros.

Para demostrar qué tan dedicado y cuidadoso puede ser un perro, les voy a contar de una clienta. Ella había pasado por varios abortos y casi se da por vencida de ser mamá en su vida. Un día, le dio de comer a su perro y se puso a ver la tele. Su perro entró a la sala y regurgitó su comida sobre sus piernas. Al día siguiente, esta chica fue con su doctor para preguntarle si estaba embarazada. (¡No sé si esa hubiera sido mi primera reacción!) Cuando la interrogó sobre fechas, síntomas y demás, le dijo al doctor que la noche anterior su perro se lo había dicho con sus acciones.

Te puedes imaginar al doctor alejándose y poniendo la mesa entre ellos mientras decía: "Sí, ya veo… sólo que me voy a quedar de este lado de ahora en adelante." Sin embargo, tenía razón y ahora tiene un niño sano.

Lo increíble de todo esto es que durante los embarazos anteriores su perro nunca había mostrado este comportamiento, aun cuando los embarazos habían sido confirmados y se les había estipulado una fecha. ¿Sabía el perro de alguna manera que estos embarazos no serían posibles? No lo puedo asegurar, pero los caninos traen comida de su cacería y la regurgitan a una mamá que amamanta. Está bien, está señora no era una mamá en lactancia, es una reacción extrema y puede haber sido una coincidencia, pero tenemos que recordar que los perros tienen lo que nos gusta llamar "un sexto sentido". Por lo general, los perros se vuelven muy pegajosos con una mujer embarazada, ¡pero no le vomitan encima! Están tan conectados con nuestros cuerpos y los suyos que los cambios químicos más sutiles son dolorosamente obvios para ellos. Es por eso que ahora para la detección médica tenemos perros que se entrenan para notificar a sus dueños sobre asuntos médicos inminentes como una crisis diabética o epiléptica.

Así que, tienes un nuevo bebé y lo traes a casa. Habrá todo tipo de nuevas y extrañas emociones, sonidos, olores, cosas a las cuales acostumbrarse. Estarás exhausto y te sentirás contento de estar en casa. No te metas en una situación en donde tratas de entrar por la puerta con el nuevo bebé y todo lo que implica, junto con los familiares, amigos, vecinos, todos dando la bienvenida al recién llegado, con un perro brincando a su alrededor y tratando de llamar la atención.

Mantenlo en otro cuarto, por ejemplo, donde siempre duerme o en la cocina. A la mayoría de los perros les gustan las cocinas por ser el punto de reunión, la conexión con la comida hace que sea un buen lugar para estar. Un miembro de la familia puede entrar a la cocina a hacer té o café e interactúa con el perro como pasa los otros días. Esto muestra que nada ha cambiado; el animal sigue teniendo líderes confiables. Es esencial que el perro no se sienta aislado, ya que no ha hecho nada malo.

Todo se hace bajo tus términos, así que tómate tu tiempo y ponte cómodo con el bebé para estar relajado y seguro en tu propia zona de comodidad. Tu pareja o un amigo puede entonces traer al perro dentro del cuarto guiándolo, sin necesidad de imponer ningún estrés al perro o los humanos. Platiquen y, si es que hay más gente en el cuarto, asegúrense de que estas personas no le pongan atención al perro y sólo interactúen entre ellos. Mantengan la calma, como siempre, pero si tu perro no está seguro de qué está sucediendo y anda inquieto, entonces sácalo del cuarto sin hacer ningún drama. Dale tiempo para darse cuenta de que todos están tranquilos y luego lo vuelves a traer. Esto se lleva el tiempo que sea necesario, avanzando a tu propio ritmo. La persona que detiene al perro se puede sentar cerca de la persona que tiene al bebé y platicar. No te apures, nosotros los humanos nos llegamos a obsesionar con horarios y calendarios para que podamos ponerle una palomita al cuadrito de "trabajo cumplido".

Pero los perros no tienen relojes, para un perro la hora siempre es "ahora". Si estás tranquilo, tu perro también se sentirá en paz. Cuando decida ir a investigar al recién llegado, lo hará tanto viendo como olfateando. Mantén la calma y déjalo olfatear alrededor de sus pies, pero no lo dejes acercarse a la cara o cabeza. En esta etapa temprana, tu bebé no estará muy agradecido de sentir una lengua larga y húmeda sobre su cara.

Todos los animales recién nacidos son vulnerables y dependen de sus padres para sobrevivir. La naturaleza les da una herramienta para asegurarse de que mamá y papá estén al tanto de su existencia: el llanto. Ese grito ensordecedor y desgarrador que aclama: "¡Pónganme atención… AHORA!" Tú, como papá, debes interpretar ese sonido y decidir si tu hijo tiene hambre, dolor, necesita un cambio de pañal o sólo quiere atención.

Esta explosión de sonidos puede perturbar a tu perro las primeras veces que los escucha, pero si tratas al bebé de forma tranquila verá que tienes todo bajo control y eres un líder fuerte y confiable. Si tú también te estresas, le darás un mensaje diferente al perro, por ejemplo que no puedes resolver el problema. Si no puedes, significa que tu perro tendrá que hacerlo, pero tampoco podrá. Es un círculo vicioso… cunde el pánico en todos lados. Aunque tienes que mantenerte tranquilo, también tienes que estar alerta, así que nunca dejes a un bebé o niño pequeño solo con un perro.

A los niños no siempre se les enseña que los perros, los gatos, y de hecho todos los animales, son seres sensibles y deben tratarse con respeto. No están ahí para jalarlos o montarlos. Con tristeza vemos que algunos papás piensan que el hecho de que su hijo "le pueda hacer cualquier cosa" al perro, es algo para sentirse orgulloso. Enséñale a tu hijo a respetar a todos los animales; es tu responsabilidad como padre, además de que hará de tu hijo un mejor ser humano.

13

Cachorros

Escoger y traer un cachorro a casa

Mi opción favorita cuando se considera tener un nuevo perro siempre es pensar primero en los rescatados. Pero no hay que negarlo, es adorable tener un nuevo cachorrito.

Aquí damos algunos consejos para encontrar al más apropiado y llevarlo muy feliz a casa:

- Compra a un criador con buena reputación que se enfoque en una sola raza y en el número de camadas que maneja.
- Un anuncio que promueve más de una raza como "Disponible" debe ser una señal de alarma.
- No hagas tratos con nadie que sólo dé su número de celular para establecer contacto.
- No le compres a un criador que quiera entregarte el cachorro, en vez de pedirte que tú lo recojas. Algunos de estos criadores incluso te pedirán que los veas en una gasolinera de autopista para hacer el intercambio. Estamos lidiando con una criatura real, viviente y sensible, no con actores en una película de espías.
- Asegúrate de que el criador recibiría de regreso a los cachorros por la razón que sea, a la edad que sea, para reubicarlos en otra casa. Éstos son los criadores que en verdad se preocupan por los cachorros que producen.

- Si no puedes ver a la madre, vete. Si ella o los cachorros se ven mal o desnutridos, vete. Si en cualquier momento el lugar te da mala espina, vete. Sólo así se podrá detener la crianza sin escrúpulos. Es difícil no sentir pena por los cachorros y pensar: "Me llevaré uno o dos sólo para sacarlos de ahí." Lo correcto es reportar al criador con la sociedad responsable de protección de animales. Esto ayudará a detener la crianza clandestina de cachorros. No te dejes engañar por el vendedor si te dice que la perra se ve flaquita porque está alimentando a muchos cachorros... Simplemente no está recibiendo la alimentación suficiente para mantener la demanda.
- Asegúrate de ver pruebas de que los cachorros han sido revisados por un veterinario.
- No se debe separar a un cachorro de su mamá y de su camada antes de las ocho semanas de edad. Si el criador insiste, aléjate. Entre las seis y ocho semanas el cachorro aprende muchísimo de sus compañeros de camada y de su mamá, como qué tan fuerte morder, cuándo salirse con la suya y otras lecciones de vida. Aprende algunos modales de su madre y a interactuar con sus hermanos, las cuales son enseñanzas básicas que no se puede perder. Si le falta eso, bien puedes estar metiéndote en graves problemas y terminarás con un cachorro que tiene pocas habilidades para interactuar con los de su especie.
- Tómate tu tiempo para escoger un cachorro de la camada adecuada, no te vayas por el primero de la primera camada que veas.
- Asegúrate de que haya sido criado con los ires y venires propios de una casa, sus ruidos y sus olores. Durante esta etapa es muy importante que tenga la oportunidad de socializar para que sea un cachorro bien adaptado y su cambio a la nueva casa sea menos estresante. Si tienes niños, lo

ideal sería comprar tu cachorro de alguien que haya tenido niños bien portados alrededor de los cachorros durante las semanas de formación.

- Prepara todo lo que necesitas para tu cachorro antes de que llegue: platos, cama, etcétera.
- Cuando tu cachorro llegue a casa por primera vez, sácalo para que se sienta más relajado.
- Dale de comer, luego déjalo que explore sus nuevos alrededores. Empieza con un área pequeña, la cocina, por ejemplo.
- Quédate ahí con él, pero no lo presiones. Dale su espacio y muéstrale desde el principio que puede estar seguro contigo.
- Entiende que necesita tiempo, paciencia y comprensión. Te pondrá a prueba pero no es por travieso, es sólo un perro pequeño que necesitará guía y límites conforme crezca.
- Llévalo al veterinario para una visita de "una sola vez" al final de la primera semana (si algo te preocupa, llévalo antes) y platiquen sobre vacunarlo y desparasitarlo. Lee por favor la sección sobre castración (página 212) e investiga por tu cuenta al respecto, hay mucha información tanto a favor como en contra en varios sitios de internet. Toma una decisión bien informada.
- ¿Qué haces si te brinca un cachorro? Lo guías hacia abajo y lo acaricias cuando tiene las cuatro patas en el piso.
- ¿Qué hay que hacer si tu cachorro de entre ocho y dieciséis semanas te mordisquea? Emitir un corto y fuerte "¡ay!" y alejarte, luego intenta llamarlo y acarícialo. No uses mangas muy sueltas si tienes un cachorro mordelón, ya que sólo tratara de agarrarlas por jugar. Facilita las cosas para los dos.
- ¿Qué hacer si tu cachorro tiene un accidente en la alfombra de adentro? Limpiarlo. No lo regañes, no es su culpa; recuerda sacarlo con regularidad, después de comer, al despertarse; recompénsalo

y felicítalo con comida cuando lo haga en el lugar correcto.

- ¿Qué hacer si te sigue todo el tiempo? Recuerda cerrar las puertas detrás de ti. No dejes que te siga a todas partes, al baño y demás, ya que causarías que sufra de ansiedad por separación más adelante, cuando se vaya convirtiendo en adulto.
- También puede ser muy útil leer las guías de The Kennel Club en su página de internet.

Una vez que hayas visto qué hacer para escoger e integrar a un cachorro con éxito, aquí te decimos lo que *no debes* hacer:

- Cargarlo si se ve enfermo, por ejemplo con ojos o nariz llorosa, partes inflamadas, pedazos sin pelo o con señas de diarrea. No dejes que tu corazón le gane a tu cabeza.
- Llamar a todos tus amigos y vecinos para que vengan a acurrucarse y conocerlo; tu perrito necesita asentarse y sentirse cómodo en sus nuevos alrededores, además de acostumbrarse a la familia antes de conocer a otros.
- Sacarlo a pasear al gran mundo exterior luego luego, después de haber recibido sus inyecciones y dejarlo correr libremente, entenderá todo mal, como lo haría un humano que apenas gatea y no lo agarras de la mano.
- Regañarlo si tiene un accidente dentro de la casa. En vez de eso, recompénsalo cuando lo haga de manera correcta en el jardín.
- Alentarlo a jugar rudo: lo confundirá por completo. Conforme el cachorro crezca, el juego se irá saliendo de control y pueden suceder accidentes.
- Decirle a tu cachorro cómo comportarse. Muéstraselo y haz que piense por sí mismo.
- Decir mucho las órdenes, "¡siéntate!", "¡quieto!", "¡¡junto!", éstas son la cereza del pastel que de-

ben enseñarse sin mayor presión. Lo importante es cómo te responde tu cachorro en la vida diaria. ¿Brinca? ¿Te muerde? ¿Se cuelga de tu ropa? ¿Te sigue con frecuencia y parece no poder descansar? Muéstrale cómo respetarte, y la única manera de hacerlo es usando su propio lenguaje, el único que entienda por completo.

- Recuerda que no hay necesidad de bombardear a tu cachorro con información sobre el mundo exterior. Déjalo que se acomode en la casa y salgan lentos pero seguros, una vez que el cachorro se sienta cómodo contigo.

Entrenamiento en jaula

Esta parte se considera un aspecto importante de un entrenamiento exitoso, ya que habrá veces que tu perro necesite estar enjaulado, como para ir al veterinario. También puede ser que tengas una casa pequeña y te gustaría tener al perro en un lugar seguro cuando hay muchas visitas o quizá necesite estar encerrado si sigue un tratamiento médico. Cerrar la puerta por periodos cortos de tiempo durante el día mientras el cachorro duerme o tú sales, o en las noches cuando está muy pequeño, significa que lo ve como un buen lugar para estar. También tiene el beneficio adicional de ayudarte a entrenarlo para el asunto de los esfínteres.

Darle de comer en la jaula te ayudará a mostrarle al cachorro que es un lindo lugar para estar.

Socialización en cachorros

RECIÉN NACIDO A OCHO SEMANAS

Es el periodo más importante en la vida de un perro. Si haces esta parte bien, tendrás uno bien adaptado y listo para llegar a su nuevo hogar. Ya sea que busques un cachorro o tengas una camada, al leer esto tendrás una buena idea de qué hacer si eres un criador o qué buscar si quieres tener un nuevo perro.

Roger Abrantes, el eminente autor y experto en comportamiento animal, escribió: "La primera etapa en la vida de un cachorro se llama 'impresión'. Después viene la etapa de 'socialización'. Si estas etapas se manejan de manera correcta, los cachorros tendrán excelentes fundamentos para ser unas mascotas felices, bien adaptadas y entrenadas. Si por el contrario, se manejan mal, pueden manifestar toda una serie de problemas."

En sus investigaciones, Abrantes ha descubierto que, aunque se puede hacer mucho para mejorar los problemas de estos cachorros, el daño nunca se repara por completo.

Nuestra recomendación es escoger cachorros que hayan sido criados en un ambiente casero y aprendido todo respecto a los ruidos extraños que hacemos y de los estruendos que producen nuestros aparatos necesarios y que para los perros no tienen ningún sentido. En una casa, aprenden a no hacer caso de sonidos como la aspiradora, la lavadora, los ires y venires y demás trajines.

El periodo de impresión va desde el nacimiento hasta las ocho semanas. En esta etapa el criador debe pasar unos minutos unas cuantas veces al día cargando a cada cachorro y arrullándolo, para que se acostumbren a la amabilidad del tacto y voz humana. Luego, mientras crezcan y la mamá esté contenta, estos apapachos deben prolongarse hasta diez minutos aproximadamente, dos o tres veces al día.

Sólo los miembros de la familia que vivan en la casa pueden hacer esto durante las primeras cuatro semanas, o te expones a que la perra se enoje y los cachorros se alteren. Después de cuatro semanas, otros pueden acercarse a hacer lo mismo, pero con cierta supervisión, ya sean adultos o niños. Si la mamá se altera, entonces aléjala durante esta etapa, pero si fue bien criada y es social, entonces no deberías tener ningún problema. Pero recuerda que son sus bebés.

Nunca te encimes sobre la caja de los cachorros o agarres a uno del cuello; la madre toma a sus cachorros gentilmente con la mandíbula y cuando ya le pesan demasiado, deja de hacerlo.

Muévete con más lentitud, la vista de un cachorro es muy mala.

Las personas que los tomen deben sentarse en el piso y acariciar al cachorro sobre su pecho y no menearlo en el aire; yo lo odiaría, imagínate ahora un cachorrito que acaba de llegar al mundo. Queremos que confíen y no que sientan ansiedad.

Los cachorros no deben apartarse del criador durante las primeras ocho semanas de edad. Algunas personas dirán que si te los llevas a las siete semanas, se les quedará tu huella mucho mejor. Esto es una mentira absoluta. Al contrario, lo que estás haciendo, de hecho, es privar al cachorro de una semana de aprendizaje vital con mamá y hermanos. En esta etapa una semana con su mamá y sus hermanos vale su peso en oro.

DE OCHO SEMANAS A SEIS MESES

Una vez que llevamos el cachorro a su nueva casa, necesitamos continuar la socialización con personas, niños y animales. Esto no significa que lo tengamos que llevar a fiestas o tenerlo en la puerta de la escuela de inmediato. Las presentaciones cortas y discretas son mucho más benéficas y menos estresantes. Este periodo dura hasta alrededor de los seis meses de edad. Ve aumentando las experiencias de forma lenta pero segura.

Los primeros seis meses son los más importantes ya que los cachorros aprenden a relacionarse por el resto de sus vidas, así que hazlo bien. Si la socialización no se hace de forma correcta, entonces tendrás un perro miedoso con muchos problemas. Podremos reparar el daño en gran medida, pero ¿para qué dejar que tu perro sufra todo ese estrés?

Cuando busques clases de cachorros, asegúrate de que sean lo que dicen ser. Los cachorros de dieciséis semanas siguen siendo cachorros. Mezclar edades más grandes, y a los pequeños con adolescentes puede ser un problema, en especial si el adolescente no ha adquirido la inhibición de su mordida y presenta problemas que siguen resolviéndose.

Los cachorros necesitan socializar con un grupo de su edad y las lecciones necesitan estar estructuradas de manera precisa para ellos, para que se diviertan y, con suerte, también anden sin mando. Un perro con mando todo el tiempo se sentirá frustrado y aburrido. Mucho trabajo de mando para un cachorro de ocho a dieciséis semanas en un ambiente de clase es demasiada presión y, en mi opinión, es muy pronto.

Mi creencia es que los cachorros y los perros no se vuelven agresivos porque no hayan tenido mucho contacto con otros perros. En general, se vuelven agresivos por miedo, porque han sido presentados a la sociedad bajo las condiciones inadecuadas, o quizá han sido expuestos a mucha presión muy rápido para aceptar las condiciones que nosotros percibimos como no amenazadoras. Recuerda que la agresión no sólo es de perro a perro, también puede tratarse de perro a humano, o de perro a lo que sea. Estos perros no tienen límites claros y sienten que pueden confiar en quien sea.

Podemos observar el mismo comportamiento en niños cuyos padres no tienen interés en sus hijos, ya sea porque implican mucho esfuerzo e interfieren con su estilo de vida, o del otro lado de la moneda, nos encontramos a los padres que tratan a sus hijos como príncipe o princesa y complacen todos sus caprichos. En ambos casos, no es culpa del niño, pero hace que sea más difícil para él interactuar con otros miembros de la sociedad de manera civilizada.

Así que lo que hay que recordar es socializar con cuidado y entendimiento; demasiado pronto puede ser estresante. Sé selecto con los compañeros de juego de tu cachorro. Escoge los del mismo tamaño que el tuyo. Si tienes un Jack Russell, entonces escógele a un amigo del tamaño de un Jack Russell, no un enorme y abrumador San Bernardo. Déjalos jugar y guíalos, pero si hay cualquier señal de que se están sobrepasando en el juego detenlos con calma y sostenlos por un minuto o dos, luego suéltalos. Si juegan muy rudo, pueden ocurrir accidentes.

Asegúrate de que el "espacio de juego" sea grande por si uno de los cachorros siente que es demasiado se pueda alejar y no se sienta encerrado sin tener una ruta de escape. Si se quiere esconder, déjalo. No puedes forzar a nadie a jugar; déjalos medir la situación y, cuando sea el momento necesario, lo harán. Si hay un cachorro que rebasa el límite y arrincona al tuyo, entonces el grande y acosador debe ser separado con calma. No se permite el acoso, y se le debe enseñar que es inaceptable. Tu cachorro estará encantado.

Preséntale cosas poco a poco. Si lo bombardeas con demasiado en poco tiempo puede pasar que un perro ansioso se vuelva aún más ansioso y que un perro escandaloso sea aún más escandaloso. Como con todo, lento pero seguro es la clave. No hay prisa, tómate tu tiempo y tu perrito tomará las cosas con calma, siempre y cuando decidas cosas que le permitan tenerte confianza.

La socialización no es sólo entre el cachorro y otros perros o entre el cachorro y la gente, debe ser hacia todo lo que te rodea. Así que sé consciente de tu medio ambiente. No podrás abarcar todo lo que implica tu vida en los primeros meses, así que no lo intentes. Lo abrumarás con demasiada información que aún no está listo para asimilar. Haz que confíe en ti y en tus acciones y todo saldrá bien.

Condúcelo de su juventud a su madurez y muéstrale con gentileza lo que está bien y lo que está mal, para que te quiera, confíe en ti y viva una vida sin estrés… una vida de perro.

14

Felicidad y buena salud

Aseo y masaje

El aseo y el masaje deben convertirse en un hábito diario, aun cuando el pelo de tu perro sea muy corto. Es una grandiosa manera de pasar excelentes ratos relajándose juntos. Acostumbra a tu perro desde temprana edad a recibir esto y no se convertirá en un problema para ninguno de los dos.

Un cachorro tratará en un principio de convertirlo en juego, así que debes resistirte pues sólo hará que las cosas sean más difíciles en el futuro. Usa un guante limpiador o tus manos, si es que un cepillo lo incita a jugar; siempre puedes usar este método incluso para perros adultos que tienen problemas en aceptar el aseo. Hazlo dulce y suave, no hay prisa de limpiar todo el cuerpo de un jalón.

Masajea y asea todas las partes, tomándote tu tiempo incluso entre los dedos de las patas. Esto facilitará que cuando el perro vaya al veterinario o tenga otro tipo de aseos, acepte mejor las sobadas de un extraño.

Empieza por usar la parte de atrás del cepillo para que se acostumbre a la sensación de algo ajeno a él. Si el cachorro intenta morderlo, aleja el cepillo y no hagas contacto visual con él. Le mostrará que no estás interesado en un juego en ese momento y que lo único que deseas es realizar el trabajo. Conforme pase el tiempo, lo disfrutará y lo verá como un rato relajante contigo, como cuando lo acaricias. Es genial para la presión sanguínea del perro y para la tuya.

Si tienes un perro con pelo largo o grueso, el criador debió haberte dado consejos de cómo asearlo. Si no lo hizo, dirígete a la estética canina más cercana y pídeles que te enseñen además de verlos cómo lo hacen.

No sólo es un acto adorable, también te da la oportunidad de percibir cualquier bulto o protuberancia que pueda tener y te da la ventaja de poderlo revisar.

Castración

Hemos hablado de este asunto con anterioridad, en relación a la agresividad (página 77) o a la montura (página 176) y de sus posibles soluciones. Hay un punto que aclarar respecto a la castración. Si tienes un perro y una perra en casa, deberás esterilizar a uno o estar muy alerta, a menos que tengas la intención de aparearlos. Si tu veterinario te recomienda hacer el procedimiento en ese momento para curar un problema médico, adelante. Si decides la castración, la cual muchos hacen, retrásalo lo más que puedas hasta que el perro tenga por lo menos catorce meses. Cuando atraviesa por la pubertad, no sólo hay testosterona bombeando su cuerpo, sino también otros químicos vitales que se perderán como resultado del procedimiento. Tu perro requiere de estos químicos para su crecimiento y desarrollo hacia la adultez, los cuales ayudan a tener un cuerpo y una mente sana.

Los humanos usamos el dolor u otros cambios de nuestro cuerpo para presentir que algo no está bien y vamos al doctor. Los perros no pueden hacerlo; son criaturas estoicas por naturaleza y no quieren mostrar señales de debilidad. Existe un tipo de entrenamiento que promueve mantener al perro completo e intacto hasta que tenga seis años de edad, y en caso de que no haya problemas de comportamiento, considerar la castración para disminuir problemas de cáncer testicular.

El consejo más común para manejar la conducta de la montada y la agresividad es castrarlos. Mi idea es que este procedimiento por lo general no cura los problemas de conducta agresiva; en muchos casos, no cambiará nada en absoluto, y en otros, lo hará peor. Si la castración es el consejo que se da, ¿por qué no optar primero por la castración química para ver si tiene un efecto positivo en el comportamiento?

Si eres hombre, entenderás la respuesta a esta pregunta. Si eres mujer, pregúntale a tu esposo, pareja o novio si estaría más tranquilo y en paz con el mundo sólo por haber ido un día al centro de salud más cercano para "modificarlo". ¿Algo para pensar?

Si estás considerando el procedimiento, investiga a fondo y habla con tu veterinario (porque habrás escogido uno en el que confías). Escucha consejo profesional, mide ventajas y desventajas y luego adopta una decisión informada.

Esterilización

Cuando se considera esterilizar a una perra, surgen problemas muy parecidos a los de la castración al decidir hacerlo o no. Existe la posibilidad de un embarazo no deseado, el considerable cochinero que hace una perra cuando está en celo, lo cual avergüenza a los dueños; sin olvidar, claro, el montón de admiradores que estarán golpeando tu puerta veinticuatro horas al día durante estos momentos.

Como con todos los perros, lo más importante es prevenir enfermedades. Es inteligente esterilizar a tu perra tres meses después de su primer celo si no vas a aparearla. Si no se hace, entonces es una buena decisión esterilizarla una vez que alcance los seis años, ya que tienen la tendencia a desarrollar piometra (una infección del útero) años después. Sin embargo, se sabe que perras incluso más jóvenes también contraen este problema, así que habla con tu veterinario. Los perros viven más tiempo bajo circunstancias domésticas que bajo circunstancias salvajes, y pueden tener a lo largo de su vida quistes benignos que más tarde se pueden infectar. Si se llega a la piometra, por lo general, ya es muy tarde para salvarlos, ya que la sangre se envenena.

Como con todas las preocupaciones de salud, debes conocer y observar a tu perro. ¿Está bebiendo más o menos de lo normal? ¿Tiene dolor o está incómodo? ¿Sus hábitos alimenticios o sanitarios son diferentes? Si algo te preocupa, habla con tu veterinario para tener toda la información que puedas. Escúchalo y toma una decisión.

15

¿Aparearlo o no aparearlo?

Muchas veces me han preguntado: "¿Sería bueno cruzar a mi perro?"; a lo que yo siempre respondo "¿Por qué querrías hacer eso?", y les advierto, "Piénsalo bien antes de hacerlo."

Para empezar hay demasiados perros en la calle y es un problema masivo el número de animales que llegan todos los días a los albergues.

Si estás pensando en cruzarlo, observa la personalidad de tu mascota y su salud física antes de empezar un embarazo. Un perro muy ansioso o agresivo tiene una alta posibilidad de procrear cachorros con esas características. Hoy en día en las calles hay muchos problemas con perros; si las personas que los cruzan tuvieran más consideración no existirían ni la mitad de los problemas actuales. Muchos animales son dados en adopción o puestos a dormir por sus problemas de comportamiento (los cuales por lo general se incrementan cerca de las dieciocho a veinticuatro semanas, cuando alcanzan la madurez). Sí, muchos de estos conflictos existen por un problema de comunicación, pero su tendencia tiene que ver también con el apareamiento.

Si lo cruzas, espera algunas visitas imprevistas y considera que tendrás que dedicar tiempo a personas que llegarán a pedirte consejos más adelante... ¿podrás darlos?

Hay unos aspectos a considerar. Primero, es un mito que tener cachorros calma a una perra. A algunas puede que sí, pero no es una garantía. Conozco algunas que se volvieron más agresivas por el mal manejo del criador. Otras tienen la idea de que porque ya parieron, están en un nivel más alto en la pirámide, lo que después se puede convertir en un problema.

Segundo, ¡no es una forma rápida de obtener dinero para pagar deudas! Algunas perras pueden tener sólo dos cachorros, y si necesitan cesárea al pagarla se te irá la ganancia de uno de los perritos. Si lo piensas bien, tener a los cachorros con el equipo necesario es costoso. Tu perra necesitará doble alimento durante el embarazo, e incluso triplicará su ingesta después del parto. Los veterinarios lo afirman, necesita dosis extras de calcio y vitaminas.

Es un trabajo duro si lo haces bien y no hay garantía de que acomodes a todos los cachorros, así que prepárate para quedarte con uno o dos.

También debes considerar que te regresen a los perritos por cualquier razón y a cualquier edad, y quedártelos o reacomodarlos con alguien.

Yo calculo que para que sea negocio la camada debe ser de tres cachorros, tal vez más si no hay complicaciones. Cuando he entrevistado a dueños potenciales, algunos se han retractado tan sólo durante la llamada por teléfono. La razón principal es que su pareja está embarazada o tienen un bebé de brazos. Es algo muy grande tener un bebé y es casi igual de cansado tener un cachorro… ¡no somos la Mujer Maravilla o Superman! Así que date un descanso y ordena primero una cosa antes de empezar la siguiente, si quieres que funcione. Date la mejor oportunidad posible. Antes cuidaba camadas abandonadas, pero no lo he hecho en diez años y francamente no lo haría de nuevo. Ya hay demasiados perros en mi lista.

Nadie quiere ser aguafiestas. Si decides cruzarlo asegúrate de que tienes espacio, tiempo, conocimientos y apoyo. Es muy divertido tener un montón de torbellinitos en casa, pero va mucho más allá de eso.

Infórmate primero, haz las cosas bien y con los ojos abiertos.

16

¿Más de un perro?

¿En tu familia hay dos o más perros? ¿Tienes que lidiar con múltiples conflictos de personalidad?

Sin duda, las personas con más de un perro suelen enfrentar problemas que ya tienen sus animales o presentan complicaciones al introducir otro cachorro o perro adoptivo en la manada.

Lo que debemos recordar es que, siempre y cuando pongamos en orden las relaciones entre nuestros perros, les mostramos que todos son importantes como individuos, y tratamos de no querer a uno más que a los otros (sólo por ser mayor o por tener más tiempo contigo), podemos suavizar las cosas.

Tenemos que, como lo hacemos con niños o amigos, darles tiempo a cada uno y no sentir que porque a uno le estamos dando atención de cierta manera se la negamos a los otros. A veces es necesario comprarle zapatos a uno de tus niños y no al otro, ¡eso no significa que no recibirá zapatos cuando ya le queden chicos o estén viejos!

Sí, claro que puedes hacer cosas con tus perros juntos, pero es algo esencial que ellos comprendan que algunas veces es momento sólo para uno. Puedes compararlo con ayudar a alguno de tus niños a hacer la tarea o cualquier otra actividad. Ellos, como con un solo perro, tendrán lo que necesitan y quieren, pero a tu manera y ritmo.

Tal vez tengas un miembro de la manada que sea el "yo, yo, yo", el primero que llega por una caricia o atrapa la pelota. Maneja la situación. Este acosador debe darse cuenta de que no puede rodearte con sus patas y el de atrás se acercará con más confianza sabiendo que tú, el papá, se asegurará de que haya justicia.

Cuando se trata de lidiar con varios perros, valdrá la pena recordar la siguiente guía.

Trata a tus perros como individuos

No esperes que lleguen todos juntos… lo harán a su propio ritmo. Cada perro tiene diferentes características y debes entenderlos como individuos. El número de veces que me llaman para solucionar problemas con perros y el problema actual van en el mismo paquete.

La dinámica cambia, cuando un perro ya no ladra en la puerta principal otro toma su lugar, como si sintiera que es una obligación que debe terminar. Hacen su repartición de trabajo y, cuando uno se cansa, el otro piensa que debe suplirlo.

Con cualquier programa educacional queremos que los alumnos hagan preguntas para que en verdad entiendan y nosotros sepamos que aprendieron la lección. Así es como interpretamos las preguntas (muchas son bastante sutiles) y responderlas es lo importante.

No te enojes por las preguntas, son esenciales para aprender. Sólo contesta de forma apropiada, sin contacto visual ni verbal. Lo que no decimos es lo que juega un papel más importante al obtener la conducta que deseamos de nuestros perros.

Llama a uno, espera al otro

Queremos que cada perro aprenda que es valioso por sí mismo y puede venir por una caricia o un abrazo sin que otro esté presionando. Es probable que encuentres que cuando llamas a uno de tus perros ambos se acerquen; está bien, pero no todo el tiempo, en especial cuando sólo has llamado a uno.

Sostén por el collar al intruso y hazlo a un lado sin decir nada, aprenderá a respetar el espacio del otro, el tuyo y, sobre todo, paciencia. No sientas que eres cruel, sólo recuerda: cuando invitas al bebé de la familia a sentarse en tus piernas ¡no esperas ser aplastado por todos los demás que se toman la libertad de hacer lo mismo! Todos obtendrán una parte de ti cuando lo decidas y en el momento que tú quieras. Pasar un tiempo de calidad, en especial de uno a uno, es necesario para todos y cada uno de nosotros, incluidos nuestros perros. El caso es que nadie se lo pierda.

Entrenamientos separados

No ganarás nada si intentas un buen entrenamiento de caminata con todos tus perros al mismo tiempo. Es un juego de "sígueme" y necesitamos hacer primero las lecciones individuales antes de juntarlos.

Cuando el "sígueme" salga bien de manera individual, empieza por juntarlos en la casa o el jardín (si tienes); entonces camina despacio y sal de casa como lo hiciste con el entrenamiento básico inicial. Les estás enseñando que es lo mismo juntos que solos.

Cuando los juntes por primera vez pueden tener conflictos en lo que se adaptan unos a otros y compiten por ir adelante. Mantén la calma y todo saldrá bien. No corran, eso lo harás después, sólo ten paciencia.

Juegos separados

Tal vez tengas un perro que siempre es el primero en llegar a la pelota, así que el otro nunca juega con ella. En realidad no es sorpresa, pues si esto pasa una y otra vez jugar no es divertido, así que no le importa.

Primero juega por separado y pasen un rato increíble uno a uno. Entonces, cuando jugar sea divertido de nuevo, sostén al acosador con la correa y lánzale la pelota al otro perro. El efecto que esto tendrá será mostrarle al acosador que no debe meterse donde no lo llaman; además, le demostrarás al otro perro que te haces cargo de la situación y lo harás sentir más seguro.

Necesitas aceptar que tus perros tienen diferentes niveles de aprendizaje y atención. Sé paciente, uno de ellos responderá a las diferentes actividades mejor y más rápido que el otro. Pero ya verás que los dos lo harán bien.

No hay de qué preocuparse, ambos aprenderán. Sólo dales tiempo y ten paciencia. Nada que valga la pena es sencillo

Los 15 mandamientos

I. Recordarás que tu perro sólo es un perro.
II. Recordarás que una acción vale más que mil palabras.
III. Te expresarás bien en lenguaje perruno para que te entienda.
IV. No tratarás a tu perro como humano.
V. Premiarás el buen comportamiento.
VI. Actuarás ante el mal comportamiento.
VII. Entenderás que tu perro aprende mejor en calma.
VIII. No darás órdenes para corregir un problema.
IX. Caminarás con la correa floja.
X. No entrarás en pánico.
XI. Mostrarás calma y seguridad todo el tiempo.
XII. No forzarás a tu perro.
XIII. Regresarás cuando algo no salga bien.
XIV. No usarás terapias agresivas o instrumentos.
XV. Te divertirás con tu perro y serán felices.

Nota de la autora

Espero que, cuando hayas leído y tal vez hasta releído este libro, seas mucho más comprensivo y paciente con las cosas que hace tu perro y puedas ayudarlo para que modifique su conducta.

Para que lo logre, primero debes modificar la tuya. Seguro sentirás que es difícil, pero ¡no te rindas! El comportamiento cambia en todas las áreas. Al principio puede que no sea como esperabas. Cuando se busca generar un cambio, los perros pueden empeorar antes que mejorar. Acéptalo con tranquilidad, significa que lo estás haciendo pensar.

Estás haciendo cambios, transformaciones... ¡Tómalo en serio! Estás logrando que tu perro piense en ti, en su relación contigo y tendrá que adaptarse. Antes, siempre era lo que quería y cuando quería; ahora el juego es diferente y seguro querrá preguntar: "¿Qué cambió?" ¡Tú! Mantente firme y tu mascota estará convencida de tus decisiones, pero recuerda no aflojar, debes ser fuerte.

Los perros no son malcriados, sólo son perros. No tienen la misión oculta de controlarte o fastidiarte. Y tienen que ejercitarse. Bienvenido a un mundo en el que si tu perro hace las cosas mal es porque no le has enseñado cómo hacerlas bien.

A lo largo de todo el libro, he mencionado muchas veces que cuando corrijas a un perro, lo hagas sin hablar, sin contacto visual y sin emoción. Tu perro será capaz de interpretar tu mensaje total, en vez de intentar entender sólo tus palabras.

Si tratas los asuntos de tu perro como un reto y no como un problema, de seguro tendrás éxito.

¿Por qué un perro hace eso?

Pues… porque es un perro.

Los seminarios de *PURE Dog Listeners*

Para aprender más, visita la página www.puredoglisteners.com e inscríbete en uno de nuestros seminarios. También puedes visitar mi facebook, búscame como *PURE Dog Listeners*, o seguirme en Twitter como @puredoglisteners.

¿POR QUÉ MI PERRO HACE ESO?
Esta obra se terminó de imprimir en Marzo de 2014
en los talleres de Impresora Tauro S.A. de C.V.
Plutarco Elías Calles No. 396 Col. Los Reyes.
Delg. Iztacalco C.P. 08620. Tel: 55 90 02 55